高等学校会计专业实验教材　丛书

GAODENG XUEXIAO KUAIJI ZHUANYE SHIYAN JIAOCAI

会计学原理 模拟实验教程 （第2版）

主　编　许平彩　魏　玮　杨印山

副主编　刘飞

参　编　高春荣　白云霞

重庆大学出版社

内 容 提 要

本书以《企业会计准则》《会计基础工作规范》为主要依据,结合一个具体模拟制造企业,按照会计循环进行设计,直观地再现了企业基本的会计业务,旨在培养学生综合运用所学知识进行会计实务操作的能力。全书分为8章,包括总论、会计数码字书写实验、原始凭证的填制与审核、记账凭证的填制与审核、登记账簿、财产清查、会计报表编制、会计凭证装订与保管。

本书主要为高等院校经济管理类专业教学编写,可作为"基础会计"课程的配套实验教材,也适合实际工作中会计人员进行上岗培训、与会计账簿报表相关的经济工作者的后续教育以及会计自学者使用。

图书在版编目(CIP)数据

会计学原理模拟实验教程/许平彩,魏玮,杨印山
主编.—2版.—重庆:重庆大学出版社,2014.3(2020.8 重印)
高等学校会计专业实验教材
ISBN 978-7-5624-8057-0

Ⅰ.会…　Ⅱ.①许…②魏…③杨…　Ⅲ.①会计学
—高等学校—教材　Ⅳ.①F230

中国版本图书馆 CIP 数据核字(2014)第 049049 号

高等学校会计专业实验教材
会计学原理模拟实验教程
(第2版)
主　编　许平彩　魏　玮　杨印山
副主编　刘　飞
策划编辑:林佳木

责任编辑:李定群　邹　忌　　版式设计:林佳木
责任校对:陈　力　　　　　　责任印制:张　策

*

重庆大学出版社出版发行
出版人:饶帮华
社址:重庆市沙坪坝区大学城西路 21 号
邮编:401331
电话:(023) 88617190　88617185(中小学)
传真:(023) 88617186　88617166
网址:http://www.cqup.com.cn
邮箱:fxk@cqup.com.cn(营销中心)
全国新华书店经销
重庆升光电力印务有限公司印刷

*

开本:787mm×1092mm　1/16　印张:15.25　字数:264 千
2014 年 3 月第 2 版　　2020 年 8 月第 7 次印刷
印数:17 501—18 500
ISBN 978-7-5624-8057-0　定价:45.00 元

第2版前言 2 EDITION FOREWORD

在第一版基础上,本版考虑交通运输业和部分现代服务业营业税改增值税的新情况,对广告、运输等相关业务进行了修改;业务时间由 2008 年修改为 2014 年;部分原始单据的格式进行了更新,并修改了部分经济业务的数据。本书模拟一个业务相对简单的制造企业,将适量的、不同类别的、较为典型的经济业务,按照会计核算程序进行系统的组合。从建账开始,到填制和审核原始凭证、填制和审核记账凭证、登记各类明细账和总账、编制会计报表的全过程,形成一个完整的会计业务循环。

本教材的主要特色体现在以下 3 个方面:

第一,系统性强。本书选择某一具体制造企业,提炼、精选出基本的经济业务,选择合理的会计核算程序,按照会计循环设计各单项实验内容,使各个单项实验前后衔接,形成一个完整的核算体系。

第二,仿真性强。以仿真的原始凭证、记账凭证、账簿以及会计报表,再现真实的企业会计实践情景,缩小了校内会计实验与实际会计工作的差距。

第三,便于理解。本书所涉及的企业经济业务,既有文字描述,又提供了相应的原始凭证,方便了学生理解和分析经济业务,并运用会计基本方法和技术处理实际经济业务。

第 2 版由许平彩、魏玮、杨印山担任主编,刘飞担任副主编,高春荣、白云霞、李芊、王喜琴等参与了本书的编写。周兴荣担任本套实验教材的总负责人。

本书适用于财经类院校"基础会计"课程的实验教学,也适用于会计自学者使用。

由于编者的水平有限,书中难免有错漏之处,请读者批评指正。

编　者

2013 年 11 月

前言 FOREWORD

　　会计模拟实验是会计教学不可缺少的环节,是巩固学生会计理论知识并提高其实际操作技能的重要手段。会计核算工作是一项非常具体和细致的工作,即使从课堂理论教学中获得了会计核算知识,但并不一定就完全具备了从事会计实际工作的技能,离胜任会计实务操作还有一定的距离,因此,加强会计实践教学就显得非常重要。

　　为了培养和提升会计实务操作能力,避免在《会计学原理》课程的课堂教学过程中仅仅做练习而没有会计感性认识,解决学生到企业单位动手能力差的难题,我们根据最新会计准则和新税务法规,结合多年从事会计模拟实训教学的经验,编著了本书。

　　本书模拟一个经济业务相对简单的企业,将适量的、不同类别的、较为典型的经济业务,按照会计核算程序进行系统的综合,从建账开始,到填制和审核原始凭证、填制和审核记账凭证、登记各类明细账和总账、编制会计报表的全过程,完成一个完整的会计业务循环。

　　通过本书的训练,有利于学生系统地了解和掌握《会计学原理》课程的内容及各章节之间的联系,加深对会计业务循环的理解,从而达到初步掌握会计核算的基本操作技能,巩固与提高对会计基本理论知识的掌握以及进一步学习的目的。

　　本书由杨印山、许平彩、王风英担任主编,负责编写大纲,提出编写要求,指导修改初稿及定稿工作;李翼恒担任副主编,协助主编组织编写工作,修改初稿和定稿;王喜琴、魏玮、李芊、高春荣参与了本书的编写。具体编写分工如下:杨印山编写第一章、第四章第二部分,王风英编写第七章、第八章,许平彩编写第二章、第三章,李翼恒编写第五章、第六章,杨印山、许平彩、夏文杰共同编写第四章第一部分。

　　本套实验丛书包括《会计学原理模拟实验教程》《会计综合业务模拟实验教程》和《会计信息系统模拟实验教程》共3册,由周兴荣担任丛书主编,全面规划和协调3册实验教材的内容划分和风格体例,并组织专家进行审稿。

　　本书适用于财经类院校会计、财务管理专业及会计电算化专业的《基础会计》(或《会计学原理》)课程的实训教学,也适用于自学会计的人员使用。

　　另外,需要说明的是,书中所有实验资料(包括单位名称、人名、账号等)均为虚构,如有雷同,纯属巧合。

　　由于编者的水平有限,书中不妥之处,敬请读者和会计界同仁不吝指教。

编　者

2008 年 1 月

目录 CONTENTS

总　论

第一章

一、基础会计模拟实验目的

(一)通过模拟实验,掌握会计操作的基本技能

基础会计模拟实验教学的内容比较丰富,包括了从填制原始凭证、记账凭证、登记账簿到编制会计报表的整个过程,要求学生掌握基础会计的基本理论和基本核算技能。因此,会计基础模拟实验是对学生所学会计核算方法的综合检验,并通过实验全面提高学生的会计操作技能。

(二)通过实际操作,锻炼和提高学生的实际工作能力

会计专业属于应用型专业,会计学是一门理论性和实践性都很强的学科。然而在实际教学中,会计学存在与实际工作相脱节的问题。通过会计实验教学对学生进行技能实训,在教师的指导下,用企业财务部门使用的真实凭证、账表,按照有关制度规定让学生进行实际、全面系统的操作演练,可提高学生实际工作的能力,为将来上岗工作奠定良好的基础。

(三)通过模拟实验培养学生良好的工作作风和职业道德

财务部门是企业重要的经济部门和经济信息中心。财务人员应有良好的工作作风和职业道德,做到爱岗敬业、诚实守信、坚守岗位、勤恳努力、认真踏实、一丝不苟。在日常的专业理论教学中,学生对这些体会不深,通过会计实验进行技能训练,要求学生如同走进企业财务部门工作一样,做到严谨、认真、整洁、高效,可以使学生养成良好的职业道德和严肃认真的工作作风。

(四)通过实验报告的撰写,提高学生的写作水平和分析解决问题的能力

实验报告是完成实验的书面总结,实验结束后,应当写出实验报告。实验报告包括实验目的、实验内容、实验要求和步骤、实验时间、实验体会和建议等。实验报告要求文字通畅、层次分明,并尽可能深入探讨实验中所发现的问题。因此,通过撰写实验报告,既可以促进学生钻研业务,掌握有关会计准则和制度,提高政策水平和业务能力,又可以提高写作水平和培养分析解决问题的能力。

二、模拟实验的内容

(1)会计书写基本规范。

(2)数码字书写规范。

(3)汉字大写数字规范。

(4)票据填写规范。

(5)原始凭证的填制。

(6)原始凭证的审核。

(7)记账凭证的填制。

(8)记账凭证的审核。

(9)日记账的设置与登记。

(10)明细分类账的设置与登记。

(11)科目汇总表编制与总账登记。

*(12)汇总记账凭证账务处理程序模拟。

(13)错账更正。

(14)对账与结账。

(15)财产清查。

(16)资产负债表编制。

(17)利润表编制。

*(18)现金流量表编制。

(19)会计凭证装订与保管。

注:前面带"*"号的为选修内容。

三、模拟实验的基本要求

(一)建立会计实验室

建立模拟会计科(财务科),设置各个会计岗位,室内陈设仿真,备有单位内部自制的和来自银行、供应、运输等单位的各种原始凭证,配备应有的办公用品,如算盘、科目章、印台、墨水、胶水、大头针、回形针等,以及会计凭证、账簿、报表样本,墙壁上张贴业务流程图和岗位职责要求等,使学生一进门就如到了财务科,产生"身临其境"的真实感觉。

(二)配备会计实验人员

为保证实践教学正常运行,要配备实验管理人员和实验教学人员。实验管理人员既要把实验教学管理好,又可兼做辅助教员,协助实验教师把实验教学组织好。对会计实验管理人员的要求是:具有一定的会计专业知识,热爱本职工作,在进行会计实验之前准备好所需设备和用品。会计实验课的指导教师是传授会计技能、进行思想品德教育、完成技能实验的主要力量,对培养实用型会计人才负有重要职责。因此,对实验指导教师的要求是:会计专业理论扎实,会计实践经验丰富,熟悉会计法规以及相关知识。对参加实验学生的要求是:具备会计学基础理论知识,实验前全面复习所学内容,遵守实验室规则,养成独立思考的良好习惯,服从实验管理人员和指导教师的管理,按指导教师的要求和进度,按时完成各项会计实验。

(三)制订实验教学计划

实验教学计划即实验教学指导书,或者说是会计学基础实验教学方案,是根据会计技能实验教学和会计专业培养计划所制订的指导性文件,包括实验的目的、要求、方法、内容、实施步骤、时间安排和考核等方面的规定。实验教学计划由教研室讨论制订,由实验指导教师具体贯彻执行。

(四)做好实验前的准备和实验后的总结

实验前教师和学生应做好各种准备,包括理论知识准备、思想准备、所需实验物品设备的准备。实验过程中,教师每天填写实验记录。实验结束后,学生、教师应该写出实验报告,对实习情况进行分析。

四、模拟实验考核办法

为了使实验教学取得良好的效果,必须加强对实验教学质量的评价与考核,对学生实验成绩和教师工作量要进行严格考核并做出全面、客观的评价。实验教学由学生和教师共同进行,为全面公正地评价其效果,必须从学生的学、教师的教两方面双向考核,即教师对学生进行考核评价和学生对教师也进行考核评价。

在实验教学中对学生的考核要求是:态度端正,实验认真,掌握实验方法和基本操作技能,具有一定的分析、处理问题的能力和创新能力;对教师的考核要求是:具有指导学生实验的能力,教学态度好,耐心指导学生,能够执行实验计划。

以下是对学生考核的具体方法:

(1)日常操作情况占总成绩的20%,由指导教师不定时对学生的操作情况进行检查,评定出成绩。

(2)凭证、账簿、报表完成情况占总成绩的50%,指导教师检查凭证、账簿、报表完成情况并进行成绩评定,检查时应注意这些实验资料的正确性、及时性和规范性等。

(3)出勤占总成绩的20%,按学生的实际出勤情况进行成绩评定。

(4)实验报告占总成绩的10%,通过批阅学生的实验报告,了解他们分析问题和解决问题的能力并评定出成绩。

五、模拟企业基本情况

企业名称:石家庄太行机床有限公司
地址:石家庄市建华北大街256号
开户银行:石家庄市工商银行裕华支行。账号:2032809202183
纳税人登记号:110101280636967

主要产品:1A680 车床和 W160 铣床

法定代表人:李明

财务主管:秦佳

会计:实习学生

出纳:李卫华

材料仓库保管员:杨红

石家庄太行机床有限公司注册资本为 350 万元,增值税一般纳税人,增值税税率为 17%,城市维护建设税(以下简称城建税)税率为 7%,教育费附加税率为 4%,所得税率为 25%。该公司共两个车间:铣床车间和车床车间,生产两种产品:铣床(型号为 W160)和车床(型号为 1A680)。

六、会计科目表

资 产 类					
序号	科目编码	名　称	序号	科目编码	名　称
1	1001	库存现金	22	1501	持有至到期投资
2	1002	银行存款	23	1502	持有至到期投资减值准备
3	1012	其他货币资金	24	1503	可供出售金融资产
4	1101	交易性金融资产	25	1511	长期股权投资
5	1121	应收票据	26	1512	长期股权投资减值准备
6	1122	应收账款	27	1521	投资性房地产
7	1123	预付账款	28	1531	长期应收款
8	1131	应收股利	29	1541	未实现融资收益
9	1132	应收利息	30	1601	固定资产
10	1221	其他应收款	31	1602	累计折旧
11	1231	坏账准备	32	1603	固定资产减值准备
12	1401	材料采购	33	1604	在建工程
13	1402	在途物资	34	1605	工程物资
14	1403	原材料	35	1606	固定资产清理
15	1404	材料成本差异	36	1701	无形资产
16	1405	库存商品	37	1702	累计摊销
17	1406	发出商品	38	1703	无形资产减值准备
18	1407	商品进销差价	39	1711	商誉
19	1408	委托加工物资	40	1801	长期待摊费用
20	1411	周转材料	41	1811	递延所得税资产
21	1471	存货跌价准备	42	1901	待处理财产损溢

续表

负 债 类					
序号	科目编码	名 称	序号	科目编码	名 称
43	2001	短期借款	52	2801	预计负债
44	2201	应付票据	53	2401	递延收益
45	2202	应付账款	54	2501	长期借款
46	2203	预收账款	55	2502	长期债券
47	2211	应付职工薪酬	56	2701	长期应付款
48	2221	应交税费	57	2702	未确认融资费用
49	2231	应付利息	58	2711	专项应付款
50	2232	应付股利	59	2901	递延所得税负债
51	2241	其他应付款			

所有者权益类					
序号	科目编码	名 称	序号	科目编码	名 称
60	4001	实收资本	63	4103	本年利润
61	4002	资本公积	64	4104	利润分配
62	4101	盈余公积	65	4201	库存股

成 本 类					
序号	科目编码	名 称	序号	科目编码	名 称
66	5001	生产成本	68	5201	劳务成本
67	5101	制造费用	69	5301	研发支出

损 益 类					
序号	科目编码	名 称	序号	科目编码	名 称
70	6001	主营业务收入	78	6601	销售费用
71	6051	其他业务收入	79	6602	管理费用
72	6101	公允价值变动损益	80	6603	财务费用
73	6111	投资收益	81	6604	勘探费用
74	6301	营业外收入	82	6701	资产减值损失
75	6401	主营业务成本	83	6711	营业外支出
76	6402	其他业务成本	84	6801	所得税费用
77	6403	营业税金及附加	85	6901	以前年度损益调整

七、石家庄太行机床有限公司总分类账及明细分类账期初余额

表1　2014年1月1日总分类账及部分日记账、明细分类账期初余额

科目编码	总分类账户	明细分类账户	借方余额/元	贷方余额/元
一、资产类账户				
1001	库存现金		3 000	
1002	银行存款		628 000	
		工行存款	628 000	
1101	交易性金融资产		420 000	
		天马股份	420 000	
1122	应收账款		240 000	
		重庆兰花轴承厂	40 000	
		石家庄轴承设备厂	100 000	
		石家庄钢铁公司	100 000	
1123	预付账款	重庆长城电机厂	17 000	
1403	原材料	明细资料见表3	1 065 000	
		圆钢	256 000	
		生铁	200 000	
		焦炭	12 000	
		轴承	234 000	
		煤	3 000	
		电机	360 000	
1405	库存商品	明细资料见表2	1 050 000	
		车床	600 000	
		铣床	450 000	
5001	生产成本	明细资料见表4	106 000	
1601	固定资产	明细资料见表5	1 995 000	
1602	累计折旧			495 000

续表

科目编码	总分类账户	明细分类账户	借方余额/元	贷方余额/元
二、负债、所有者权益类账户				
2202	应付账款			960 000
		唐山向阳燃料有限公司		260 000
		重庆鸿利型钢有限公司		700 000
2221	应交税费			**45 672**
		未交增值税		35 200
		应交城建税		2 464
		应交教育费附加		1 408
		应交所得税		6 600
2241	其他应付款			**2 000**
		王纱		400
		杨伟		1 600
2501	长期借款			**44 000**
4001	实收资本			**3 500 000**
4002	资本公积			**30 000**
4101	盈余公积			**50 000**
4104	利润分配			397 328
合 计			**5 524 000**	**5 524 000**

表2 库存商品明细分类账户期初余额

产品名称	结存数量/台	单位实际成本/元	期初余额/元
车床(型号为1A680)	30	20 000	600 000
铣床(型号为W160)	30	15 000	450 000
合 计			**1 050 000**

表 3　原材料明细账户期初余额

明细账户及材料名称	计量单位	结存数量	实际单价/元	结存金额/元
原料、燃料及主要材料				**1 065 000**
生铁	吨	100	2 000	200 000
圆钢	吨	80	3 200	256 000
焦炭	吨	30	400	12 000
煤	吨	20	150	3 000
电机 Y123M	台	180	2 000	360 000
轴承	套	1 800	130	234 000

表 4　生产成本期初明细资料

产品名称	直接材料/元	直接人工/元	制造费用/元	合　计/元
车　床	50 000	1 000	1 000	52 000
铣　床	52 000	1 000	1 000	54 000
合　计	**102 000**	**2 000**	**2 000**	**106 000**

表 5　固定资产明细账资料

固定资产	数量	原值/元	已提折旧/元	使用年限	月折旧额/元
厂房	1	840 000	70 000	25	2 800
办公用房屋	1	600 000	102 000	25	2 000
车床生产设备	1	360 000	246 000	25	1 200
铣床生产设备	1	150 000	50 000	25	500
办公用电脑	10	45 000	27 000	5	750
合　计		**1 995 000**	**495 000**		**7 250**

表 6　供应商资料

序号	供应商名称	纳税人登记号	联系电话	开户行及账号	所在地
1	唐山向阳燃料有限公司	1301022222222274	0315-85124789	唐山市工行开发区支行（0402000000101）	唐山市
2	重庆鸿利型钢有限公司	1401033333333029	023-61658971	重庆市工行桥西支行（3100111111201）	重庆市
3	重庆长城电机厂	1401026611102057	023-63513369	重庆市工行永安支行（3100111111222）	重庆市

表 7　客户资料

序号	客户名称	纳税人登记号	联系电话	开户行及账号	所在地
1	重庆市兰花轴承厂	140102641220051	023-66324531	重庆市工行开发区支行（3100116789333）	重庆市
2	石家庄轴承设备厂	130102371302117	0311-88456123	石家庄工行桥东支行（0402000000999）	石家庄市
3	石家庄钢铁公司	130102641302081	0311-88456127	石家庄工行桥东支行（0402000000888）	石家庄市
4	重庆市瑞祥金属制品有限公司	140108888888808	023-63513369	重庆市工行范西支行（3100111666111）	重庆市

会计数码字书写实验

第二章

一、实验指导

(一)会计书写基本规范

会计书写规范是指会计工作人员在经济业务活动的记录过程中,对接触的数码和文字的一种规范化书写方法。会计工作离不开书写,没有规范的书写就没有会计工作质量。同时,书写规范也是衡量一个会计工作人员素质高低的标准。一个合格的会计人员,首先应当书写规范,这样才能正确、清晰地书写计算结果,为决策者提供准确、可靠的会计信息,且更好地为经济决策服务。

会计书写的内容包括阿拉伯数码的书写、数字大写与汉字书写两大部分。

会计书写基本规范的要求:正确、规范、清晰、整洁、美观。

(1)正确。指对业务发生过程中的数字和文字要准确、完整地记录下来,这是书写的基本前提。只有对所发生的经济业务正确地反映出其发生的全过程、内容及结果,书写才有意义。

(2)规范。指对有关经济活动的记录书写一定要符合财会法规和会计制度的各项规定,符合对财会人员的要求。无论是记账、核算、分析、编制报表,都要书写规范、数字准确、文字适当、分析合理,要严格按书写格式书写,文字以国务院公布的简化汉字为标准,数码字按规范要求书写。

(3)清晰。指字迹清楚,容易辨认,账目条理清晰,使人一目了然,无模糊不清之感。

(4)整洁。指账面干净、清洁,文字、数码字、表格条理清晰,整齐分明。书写字迹端正,大小均匀,无参差不齐及涂改现象。

(5)美观。书写除准确、规范、整洁外,还要尽量使结构安排合理、字迹流畅、大方,给人以美感。

(二)阿拉伯数字书写规范

流利、纯熟、有特色的阿拉伯数字是会计人员的基本功,会计上阿拉伯数字的书写要符合一些特殊的规范。

1.阿拉伯数字的标准写法

(1)每个数字要大小匀称,笔画流畅,独立有形,不能连笔书写。

（2）同行相邻数字之间要空出半个阿拉伯数字的位置,但不可预留间隔,以不能增加数字为宜。

（3）会计数码书写时,应从左至右,笔画顺序是自上而下,先左后右,防止写倒笔字。

（4）书写的每个数字要贴紧底线,但上不能顶格。一般每个格内数字占1/2的位置,要为更正数字留有余地。

（5）书写排列有序且字体要自右上方向左下方倾斜,数字与底线呈60°的倾斜。

（6）除4、5以外数字,必须一笔写成,不能人为增加数字的笔画。

（7）除6、7、9外,其他数码高低要一致。"6"的上端比其他数码高出1/4,"7"和"9"的下端比其他数码伸出1/4。

（8）对于易混淆且笔顺相近的数字,在书写时,尽可能地按标准字体书写,避免混同,以防涂改。如:"1"不可写得过短,要保持倾斜度,将格子占满,这样可防止改写为"4""6""7""9";书写"6"时要顶满格子,下圆要明显,以防改写为"8";"7""9"两字的落笔可延伸到底线下面;"6""8""9""0"的圆必须封口。

2.会计凭证中的阿拉伯数字书写要求

（1）阿拉伯数字应一个一个地写,阿拉伯金额数字前应当书写货币币种符号（如人民币符号"￥"）或者货币名称简写和币种符号。币种符号与阿拉伯金额数字之间不得留有空白。凡在阿拉伯金额数字前面写有币种符号的,数字后面不再写货币单位,如人民币"元"。

（2）所有以元为单位（其他货币种类为货币基本单位）的阿拉伯数字,除表示单价等情况外,一律在元位后填写到角分,无角分的,角、分位可写"00"或符号"--",有角无分的,分位应写"0",不得用符号"-"代替。

（三）文字书写规范

与经济业务活动相联系的文字书写包括数字的大写、企业名称、会计科目、商品类别、计量单位、摘要、财务分析及报表的书写等。

1.文字书写的基本要求

（1）简明、扼要、准确。指用简短的文字把经济业务发生的内容记述清楚,在有格限制的情况下,文字数目多少,要以写满但不超出该格为限。会计科目要写全称,不能简写,子、细目要准确,符合会计制度的规定,不能用表述不清、记叙不准的语句或文字。

（2）字迹工整清晰。字体要各自成形,大小匀称,排列整齐,字迹要工整、清晰。

2.中文大写数字的写法

中文大写数字是用于填写需要防止涂改的销货发票、银行结算凭证、收据等,因此,在书写时不能写错。如果写错,则本张凭证作废,需重新填制凭证。

（1）中文大写金额数字应用正楷或行书填写,如壹、贰、叁、肆、伍、陆、柒、捌、玖、拾、佰、仟、万、亿、元、角、分、零、整（正）等字样,不得用一、二（两）、三、四、五、六、七、

八、九、十、念、毛、另填写,不得自造简化字。

（2）中文大写金额数字到"元"为止的,在"元"之后,应写"整"（或"正"）字,在"角"之后可以不写"整"（或"正"）字。大写金额数字有"分"的,"分"后面不写"整"（或"正"）字。

（3）中文大写金额数字前应标明"人民币"字样,大写金额数字应紧接"人民币"字样填写,不得留有空白。大写金额数字前未印"人民币"字样的,应加填"人民币"三字。

（4）阿拉伯小写金额数字中有"0"时,中文大写应按照汉语语言规律、金额数字构成和防止涂改的要求进行书写。

3.举例说明大写金额写法

（1）阿拉伯数字中间有"0"时,中文大写金额要写"零"字。如￥1 409.50,应写成人民币壹仟肆佰零玖元伍角整。

（2）阿拉伯数字中间连续有几个"0"时,中文大写金额中间可以只写一个"零"字。如￥6 007.14,应写成人民币陆仟零柒元壹角肆分。

（3）阿拉伯金额数字万位或元位是"0",或者数字中间连续有几个"0",万位、元位也是"0",但千位、角位不是"0"时,中文大写金额中可以只写一个零字,也可以不写"零"字。如￥1 680.32,应写成人民币壹仟陆佰捌拾元零叁角贰分,或者写成人民币壹仟陆佰捌拾元叁角贰分;又如￥107 000.53,应写成人民币壹拾万柒仟元零伍角叁分,或者写成人民币壹拾万零柒仟元伍角叁分。

（4）阿拉伯金额数字角位是"0",而分位不是"0"时,中文大写金额"元"后面应写"零"字。如￥16 409.02,应写成人民币壹万陆仟肆佰零玖元零贰分;又如￥325.04,应写成人民币叁佰贰拾伍元零肆分。

二、实验要求

（1）用账页练习书写阿拉伯数字标准写法,直至书写规范、流畅,指导教师认可。

（2）规范书写实验资料所列数字的大写金额。

三、实验资料

练习以下大写金额的书写:

| ￥110 | ￥15.80 | ￥135 800.00 | ￥12 000.00 | ￥48 651.80 | ￥486.56 |

| ￥4.60 | ￥1 680.32 | ￥97 000.53 | ￥1 409.50 | ￥6 409.02 | ￥100.50 |

￥1 6800.32   ￥6 400.02。

原始凭证的填制与审核

第三章

第一节　原始凭证的填制

一、实验指导

原始凭证也称原始单据,是在经济业务发生或完成时,由业务经办人员取得或填制,用以证明经济业务的发生和完成情况的原始依据。填制和审核原始凭证,是会计核算的基础工作。

原始凭证按来源不同,可分为外来原始凭证和自制原始凭证。

(1)外来原始凭证是指在经济业务发生或完成时从其他单位或个人直接取得的凭证,如发票、银行收款通知等。

(2)自制原始凭证是指单位自制并由本单位有关部门或人员在发生经济业务时填制的原始凭证,如材料入库单、材料出库单、工资结算单、成本计算单等。

(一)填制原始凭证须符合以下基本要求

1.书写规范

原始凭证填制时,字迹清楚、整齐、规范、易于辨认;文字简要,不得使用未经批准的简化字;凡填有大写和小写金额的原始凭证,大写与小写金额必须相符;原始凭证不得涂改、挖补;发现原始凭证有错误的,应当重开或者用正确的方法进行更正。

2.记录真实

填制在原始凭证上的内容和数字,必须真实可靠,要符合有关经济业务的实际情况,不得更改业务内容,伪造责任人或当事人,任意多开或少开金额;一式几联的发票和收据,必须用双面复写纸(发票和收据本身具备复写纸功能的除外)套写,并连续编号。

3.内容完整

原始凭证的内容必须填制完整,并且符合内部牵制的原则。凭证名称、凭证填制日期、凭证填制单位名称或者填制人姓名、经办人员签名或者盖章、接受凭证单位名称、经济业务内容、数量、单价和金额等应填写齐全。

4.填制及时

原始凭证必须及时填制,不得任意提前或推后。原始凭证填制完成后,应按照规定程序,及时送交相关部门或单位。

(二)填制原始凭证的基本程序

1.熟悉经济业务

在填制原始凭证之前,要熟悉实验的每笔经济业务,了解经济业务发生的条件、原因以及相关的规章、制度。

2.填制原始凭证

在熟悉经济业务的基础上,逐笔填制原始凭证。

3.检查原始凭证

对已填制完毕的原始凭证,要逐笔检查所有项目均已填制准确、完整。

(三)常用原始凭证的具体填制要求

1.支票

支票是出票人签发的,委托办理支票存款业务的银行或者其他金融机构在见票时无条件支付确定的金额给收款人或者持票人的票据。

支票一般分为现金支票和转账支票。支票上印有"现金"字样的为现金支票,现金支票只能用于支取现金;支票上印有"转账"字样的为转账支票,转账支票只能用于转账。单位支票结算业务一般由出纳人员办理。

现金支票结算流转程序:本单位用现金支票提取现金时,首先由本单位出纳人员签发现金支票,并加盖银行预留印鉴后,按骑缝线剪开,持正本到开户银行取现金,存根留下作为付款依据;用现金支票向外单位或个人支付款项时,由出纳签发现金支票,并加盖银行预留印鉴,并注明收款人后将正本交收款人,收款人持现金支票到付款单位开户银行提取现金,并按银行要求出具有关证件。

转账支票结算流转程序:付款人按应付的款项签发转账支票,加盖银行预留印鉴后按骑缝线剪开,正本交收款人,存根留下作为付款依据;收款单位财务部门收到支票并审核无误后,填写一式三联"进账单",连同支票一起送存本单位开户银行;收款人开户银行受理后,经审核无误,在进账单上加盖印章,并将进账单收账通知联退回收款人,作为收款人入账的依据;收款人开户银行和付款人开户银行间传递凭证、划转款项。

支票填制要求:

(1)支票必须用碳素墨水填写。

(2)支票正本上的出票日期,填写大写日期;为防止变造票据的出票日期,在填写月、日时,月为壹、贰和壹拾的,日为壹至玖和壹拾、贰拾和叁拾的,应在其前加"零";日为拾壹至拾玖的,应在其前加"壹";如 1 月 15 日,应写成零壹月壹拾伍日;再如 10 月 20 日,应写成零壹拾月零贰拾日。收款人应填写全称,付款行名称及出票人账号,应填写出票人开户行名称及账号。金额栏应同时填写大小写金额,小写金额前填写人民币符号"￥",用途栏注明用途。其他内容不需填写。

(3)支票存根上的出票日期和金额,填写阿拉伯数字。

(4)上述内容填好后,在正本的空白处加盖预留的银行印鉴(一般为财务专用章和法定代表人章)。

2.银行进账单

银行进账单是持票人向付款人或代理付款人申请提示付款的凭据,也是持票人开户银行将票据款项收妥入账的凭证。收款单位财务部门收到支票等票据后,填写一式三联"进账单",连同票据一起送存本单位开户银行,收款人开户银行受理后,经审核无误,在进账单上加盖印章,并将进账单收账通知联退回收款人,作为收款人入账的依据。

填写要求:根据支票等票据的内容,填写收款人和付款人全称、账号、开户行,收款金额,票据种类和张数,填写银行进账单不需单位盖章。

3.增值税专用发票

增值税专用发票是增值税一般纳税人(以下简称一般纳税人)销售货物或者提供应税劳务开具的发票,且是购买方支付增值税额并可按照增值税有关规定据以抵扣增值税进项税额的凭证。

专用发票实行最高开票限额管理。最高开票限额是指单份专用发票开具的销售额合计数不得达到的上限额度。最高开票限额由一般纳税人申请,税务机关依法审批。最高开票限额为10万元及以下的,由区县级税务机关审批;最高开票限额为100万元的,由地市级税务机关审批;最高开票限额为1 000万元及以上的,由省级税务机关审批。防伪税控系统的具体发行工作由区县级税务机关负责。

一般纳税人应通过增值税防伪税控系统(以下简称防伪税控系统)使用专用发票。使用包括领购、开具、缴销、认证纸质专用发票及其相应的数据电文。

一般纳税人销售货物或者提供应税劳务,应向购买方开具专用发票。商业企业一般纳税人零售的烟、酒、食品、服装、鞋帽(不包括劳保专用部分)、化妆品等消费品不得开具专用发票。增值税小规模纳税人(以下简称小规模纳税人)需要开具专用发票的,可向主管税务机关申请代开。

专用发票由基本联次或者基本联次附加其他联次构成,基本联次为发票联、抵扣联和记账联,共3联。发票联,作为购买方核算采购成本和增值税进项税额的记账凭证;抵扣联,作为购买方报送主管税务机关认证和留存备查的凭证;记账联,作为销售方核算销售收入和增值税销项税额的记账凭证。其他联次用途,由一般纳税人自行确定。

增值税发票开具要求:

(1)项目齐全,与实际交易相符;

(2)字迹清楚,不得压线、错格;

（3）发票联和抵扣联加盖财务专用章或者发票专用章；

（4）按照增值税纳税义务的发生时间开具。

4.普通发票

向消费者销售货物或应税劳务，应开具普通发票，发票上不分价款和税金。在实际工作中使用的发票为一式多联，用蓝色油笔复写，发票联必须盖单位发票章。此外，增值税一般纳税人通过增值税防伪税控一机多票开票子系统也可以开具普通发票，称为增值税普通发票，格式与增值税发票类似。

5.材料入库单、产成品入库单

材料入库单、产成品入库单是企业将材料、产品验收入库时，由仓库保管员根据购物发票和实收材料、产成品数量、名称及规格等填制。一般为一式三联。

填制要求：应用蓝（黑）复写纸一次复写各联。第一联存根；第二联由保管员用以登记材料、产成品保管账；第三联交财会部门，据以核算材料及产成品入库的实际成本。各项内容填写应齐全，书写规范；各有关责任人签名盖章。

6.材料出库单、产成品出库单

材料出库单是由领用部门在向仓库领用材料时填制的，填写方法与材料入库单相同，填写实发数量，并由领、发料等人签章，以明确责任。一般为一式三联，仓库审核发出材料后将第三联交财会部门，据以核算材料的发出和相关材料费用。

产成品出库单由领用部门在销售产品时填写。其填写方法与材料入库单、产成品入库单的填写方法相同。仓库审核发出产成品后将其中第三联交财会部门，据以核算产成品的发出和产品销售成本。

二、实验要求

明确原始凭证应具备的基本要素，了解会计工作中常用的原始凭证的格式、内容及用途，掌握常用原始凭证的填制要求和方法，能够根据给定的原始凭证格式和实验资料正确填制常用原始凭证。

三、常用原始凭证格式

1.银行进账单

中国工商银行　　进　账　单（收账通知）　　3

年　月　日

出票人	全　称		收款人	全　称	
	账　号			账　号	
	开户银行			开户银行	

金额	人民币（大写）	亿	千	百	十	万	千	百	十	元	角	分

票据种类		票据张数	
票据号码			

复核　　记账

开户银行签章

此联是开户行交给收款人的收账通知

2.增值税专用发票

河北增值税专用发票

发票联

1300061520

校验码：

№ 01117045

开票日期：　年　月　日

购货单位	名　　称：		密码区	
	纳税人识别号：			
	地址、　电话：			
	开户行及账号：			

货物或应税劳务名称	规格型号	单位	数量	单价	金额	税率	税额

价税合计（大写）		（小写）¥：_____

销货单位	名　　称：		备注	
	纳税人识别号：			
	地址、　电话：			
	开户行及账号：			

收款人：　　　　复核：　　　　开票人：　　　　销货单位：（章）

第二联：发票联　购货方记账凭证

3.普通发票

识别码　河北省地方税务局通用手工发票（E）

T88NCL

6WNJWJ

发票联

年　月　日

发票代码 12300126413

发票号码 11647201

付款单位：

项 目 内 容	金　额							备　注
	千	百	十	元	角	分		
合 计 人 民 币（大写）								

收款单位名称：　　　　　　　　　　　　开票人

第二联　发票联

4.材料入库单

材料入库单

仓库名称：　　　　　　　　年　月　日　　　　　　　　No:

材料名称	材质	规格	单位	数量		单价	金额	运杂费	金额合计	发货单位
				送验	实收					
										合同号
合　计										

仓库主管：　　　　　　供应科长：　　　　　　仓库验收：　　　　　　采购员：

第二联　记账联

5.产成品入库单

产成品入库单

仓库名称：　　　　　　　　　　年　月　日　　　　　　　　　NO:

产品名称	规格	计量单位	数量		单位成本	总成本	送验单位
			送验	实收			
合　计							

仓库主管：　　　　　记账：　　　　验收：　　　　　　送验人：

6 材料出库单

材料出库单

领料单位：　　　　　　　　　　　　　　　　　　编号：

用　途：　　　　　　　　　年　月　日　　　　发料仓库：

材料类别	材料编号	材料名称及规格	计量单位	数量		单价	金额	第二联 记账联
				请领	实领			
备注：						合　计		

记账：　　　　　发料：　　　　领料部门负责人：　　　领料：

7.产成品出库单

产成品出库单

编号·

购货单位：　　　　　　　　　　年　月　日　　　　　仓库

类别	编号	名称及规格	计量单位	数量		单位成本	总成本	第二联 记账联
				请发	实发			
合　计								

仓库主管：　　　　　记账：　　　　　发货人：　　　　　经办人：

8. 现金支票

中国工商银行 现金支票存根（冀）

B K 02 02301676

附加信息

出票日期： 年 月 日

收款人：

金额：

用途：

单位主管： 会计：

中国工商银行 现金支票（冀）

B K 02 02301676

付款行名称：
出票人账号：

出票日期（大写） 年 月 日

收款人：

人民币（大写）

亿 千 百 十 万 千 百 十 元 角 分

用途：
上列款项请从
我账户内支付
出票人签章

复核 记账

本支票付款期限十天

石家庄市石钞证券印制有限责任公司 2013 年

9. 转账支票

中国工商银行 转账支票存根（冀）

B K 02 02385751

附加信息

出票日期： 年 月 日

收款人：

金额：

用途：

单位主管： 会计：

中国工商银行 转账支票（冀）

B K 02 02385751

付款行名称：
出票人账号：

出票日期（大写） 年 月 日

收款人：

人民币（大写）

亿 千 百 十 万 千 百 十 元 角 分

用途：
上列款项请从
我账户内支付
出票人签章

复核 记账

本支票付款期限十天

石家庄市石钞证券印制有限责任公司 2013 年

四、实验资料

1.签发现金支票

1月3日石家庄太行机床有限公司（开户银行为工商银行裕华支行，账号2032809202183）出纳李卫华到开户行提取现金1 500元备用，请代出纳签发工行现金支票1张。

2.签发转账支票

1月5日，石家庄太行机床有限公司（开户银行工商银行裕华支行，账号2032809202183）开出转账支票，支付石家庄市电视台广告费8 000元，请代出纳签发工行转账支票1张。

3.填写银行进账单

1月11日，石家庄太行机床有限公司（开户行工行裕华支行，账号2032809202183）收到石家庄轴承设备厂（开户行石家庄工行桥东支行，账号0402000000999）交来转账支票1张，支付前欠货款，请代出纳根据下面的转账支票填写银行进账单。

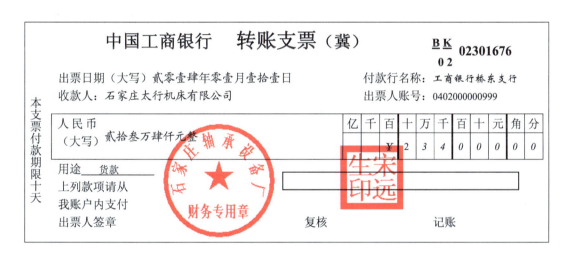

4.填开增值税发票

1月12日，石家庄太行机床有限公司（开户行工行裕华支行，账号2032809202183，纳税人登记号110101280636967，地址石家庄市建华北大街256号）向石家庄轴承设备厂（开户行石家庄工行桥东支行，账号0402000000999，纳税人登记号130102371302117，地址石家庄市）销售W160铣床10台，单价为20 000元，增值税税率为17%。请根据上述资料代石家庄太行机床有限公司手工填开增值税专用发票1张。（实务中一般纳税人应通过增值税防伪税控系统开具增值税专用发票）

5.填制材料入库单

1 月 16 日,石家庄太行机床有限公司收到重庆市鸿利型钢有限公司发来一批材料,其中,圆钢 50 吨,单价为 3 200 元,价款为 160 000 元,进项税额为 27 200 元;轴承 500 套,单价为 130 元,价款为 65 000,进项税额为 11 050 元,材料验收无误。石家庄太行机床有限公司原材料仓库保管员为杨红,仓库主管为李远,供应科长为王刚,本批材料采购员为陈方,合同号 201405。请根据上述资料填制材料入库单,并代相关人员签字。

增值税采购发票如下:

重庆增值税专用发票
发票联

1300061520   No 01117045

校验码:28602960303873892476   开票日期:2014 年 01 月 06 日

购货单位	名　　称:	石家庄太行机床有限公司				密码区	＞50+/4-62750831/049〈1 99302352+00〉*4248/+8〈 372027+43*3/〉732〈7-02 4-5/89-3/55*+1-21〉77-	加密版本. 01 11300061520 01117045
	纳税人识别号:	110101280636967						
	地址、电话:	0311-88823956						
	开户行及账号:	工商银行裕华支行 2032809202183						

货物或应税劳务名称	规格型号	单位	数量	单价	金额	税率	税额
圆钢		吨	50	3 200	160 000	17%	27 200
轴承		套	500	130	65 000	17%	11 050
合计					225 000		38 250

价税合计(大写)	⊗贰拾陆万叁仟贰佰伍拾元整	(小写)￥263 250

销货单位	名称:	重庆市鸿利型钢有限公司	备注	
	纳税人识别号:	140103333333029		
	地址、电话:	023-61658971		
	开户行及账号:	重庆市工商银行桥西支行 3100111111201		

收款人:李洁　　　　复核:张帆　　　开票人: 刘叶　　　销货单位:(章)

第二联:发票联 购货方记账凭证

6.填制产成品入库单

1 月 17 日,石家庄太行机床有限公司生产车间本月生产完工铣床(型号为 W160)、车床(型号为 1A680)两种产品,其中铣床完工数量为 5 台,单位成本为 15 000 元,车床(型号为 1A680)完工数量为 10 台,单位成本为 20 000 元,两种产品现已验收入库。石家庄太行机床有限公司仓库主管为李远,产成品仓库记账员李蕾,本批产品送验人为生产车间张辉。请代产成品仓库保管员杨伟填制产成品入库单,并代相关人员签字。

7.填制材料出库单

1月18日,石家庄太行机床有限公司生产车间从原材料仓库领用生铁10吨,单价为2 000元,生产A680车床。原材料仓库保管员为杨红,记账员为高朋,领料部门负责人为王霞,领料人为张辉。请根据上述资料填制材料出库单,并代相关人员签字。

8.填制产成品出库单

1月27日,石家庄太行机床有限公司销售给重庆瑞祥金属制品有限公司车床10台(型号为1A680),货款已收到,并存入银行。产成品仓库主管为李远,记账员为李蕾,保管员为杨伟,经办人为宋涛。请根据上述资料填制产成品出库单,并代相关人员签字。

第二节　原始凭证的审核

一、实验指导

财务部门对于收到的原始凭证要全面审核,主要是审核原始凭证的真实性、合法性、准确性和完整性。

(1)真实性。首先,经济业务发生的双方单位和当事人必须真实;其次,经济业务发生的时间地点和填制日期必须真实;最后,经济业务的内容和实物量、价值量必须真实。真实性审核,要检查凭证所反映的内容是否符合所发生实际经济业务的情况,数据、文字有无伪造、涂改、重复使用情况,各联之间数额有无不符情况。

(2)合法性。合法性审核的内容包括:一是原始凭证生成程序的合法性。如企业或个人(具有营业执照的个体户)出具的营业凭证,发票、运费收据、劳力费收据等必须是经税务机关批准印制的,购买实物的原始凭证必须附有验收证明以确认实物已经验收入库。二是审查原始凭证所反映的经济业务有无违反财经制度的规定,有无不按计划、预算办事的行为,资金使用是否符合规定,是否扩大了成本费用、开支范围,财产物资的收发、领退是否按照规定办理手续。

(3)准确性。原始凭证的文字表述和数字计算必须准确无误,文字、数字的书写要清晰、工整、规范,不得任意自造简化字,不得任意省略。

(4)完整性。原始凭证必须要素完整、手续齐全。从外单位取得的原始凭证,必须盖有填制单位的公章;从个人取得的原始凭证,必须有填制人员的签名或者盖章;自制原始凭证必须有经办单位领导人或者其指定的人员签名或者盖章;对外开出的原始凭证,必须加盖本单位公章。经有关部门批准的经济业务,应当将批准文件作为原始凭证附件。如果批准文件需要单独归档的,应当在凭证上注明批准机关名称、日期和文件字号。

原始凭证审核后的处理:原始凭证经过审核后,应根据不同的审核结果,进行不同处理。

（1）对于内容合法、合理、完整、正确的原始凭证，按规定办理会计手续，据以填制记账凭证，并将原始凭证作为附件贴于记账凭证后面，以备查核。

（2）对于内容合法、合理而记载不准确、不完整的原始凭证，按规定暂缓办理会计手续，将原始凭证退回业务经办单位或人员，责成改正凭证记录的错误。经责任单位和有关人员更正错误后，对更正后的凭证进行复审，确定无误后准予办理会计手续。

（3）对于内容完整、正确而不合法、不合理的原始凭证，按规定拒绝办理会计手续。对于弄虚作假、营私舞弊、欺骗上级等违法乱纪行为应依据法律规定，坚决拒绝执行，并向有关方面反映情况。

二、实验要求

审核实验资料中的原始凭证，指出错误并进行改正。

三、实验资料

（1）1月3日，石家庄太行机床有限公司销售车床10台，税款合计280 800元，公司会计拟根据以下银行进账单及有关单据填制记账凭证，请对该进账单进行审核。

中国工商银行　　**进 账 单**（收账通知）　**3**

2014 年 1 月 3 日

出票人	全　称	石家庄轴承设备厂	收款人	全　称	石家庄太行机床有限公司											此联是开户行交给收款人的收账通知
	账　号	0402000000999		账　号	2032809202183											
	开户银行	石家庄工商银行桥东支行		开户银行	石家庄工商银行裕华支行											
金额	人民币（大写）	贰拾捌万捌仟元整				亿	千	百	十	万	千	百	十	元	角	分
								¥	2	8	0	8	0	0	0	0
票据种类	转账支票	票据张数	1 张													
票据号码																
		复核　　　　记账			开户银行签章											

（2）1月3日，石家庄太行机床有限公司开出转账支票，支付石家庄市电视台广告费8 000元，以下为出纳员已签发完毕、准备交付的转账支票，请审核其是否正确、完整。

中国工商银行 转账支票（冀）

BK
02
02385751

出票日期（大写）贰零壹肆年壹月叁日

收款人：市电视台

付款行名称：工商银行裕华支行

出票人账号：20328092020183

人民币
（大写） 捌仟元

亿	千	百	十	万	千	百	十	元	角	分
					8	0	0	0	0	0

用途 广告费

上列款项请从

我账户内支付

出票人签章

复核 记账

中国工商银行

转账支票存根（冀）

BK
02
02385751

附加信息

出票日期：2014 年 1 月 3 日

收款人：市电视台

金额：8 000

用途：广告费

单位主管 会计

本支票付款期限十天

石家庄石钞证券印制有限责任公司 2013 年

（3）1月4日,石家庄太行机床有限公司办公室购买计算器前来财务报账,请审查该单据是否可以报销。

收　据　　　　　　NO.016752

2014 年 1 月 4 日

交款单位 石家庄太行机床有限公司　收款方式　现　金

人民币（大写）　壹佰元整　　　　　　　　　￥100.00

收款事由　购计算器

收款单位
盖　章　　　　　收款人：于丽丽　　　　交款人：张阳

三
收
据

（4）1月10日,石家庄太行机床有限公司购煤100吨,单价为150元,应分摊运杂费为250元,应审核以下材料入库单是否正确无误。

石家庄太行机床有限公司材料入库单

仓库名称：原材料仓库　　　　2014 年 1 月 10 日　　　　No：20140104

材料名称	材质	规格	单位	数量		单价	金额	运杂费	金额合计	发货单位
				送验	实收					
煤			吨	100	100	150	15 000	250	15 250	唐山向阳燃料公司
										合同号
										201401011
合　计									15 250	

财务主管：　　　供应科长：　　　仓库验收：　　　采购员：

第
二
联

记
账
联

（5）销售部张力来财务部办理出差借款,请审核决定是否可以凭此借款单办理借款。

借 款 单

2014 年 1 月 1 日   第 201401 号

借款单位	销售部		金 额							
			十	万	千	百	十	元	角	分
人民币（大写）：贰仟元整				￥	2	0	0	0	0	0
借款事由：会议										
领导批示	财务负责人	借款单位负责人	借款人							
			张力							

第一联 记账联

记账凭证的填制与审核

第四章

一、记账凭证的填制

（一）实验指导

会计人员要根据审核无误的原始凭证填制记账凭证。记账凭证可以使用收款凭证、付款凭证和转账凭证，也可以使用通用记账凭证。

记账凭证的基本要求是：

(1)记账凭证的内容必须具备：填制凭证的日期、凭证编号、经济业务摘要、会计科目、金额、所附原始凭证张数、填制凭证人员、审核人员、记账人员、会计主管人员签名或者盖章。收款和付款记账凭证还应当由出纳人员签名或者盖章。以自制的原始凭证或者原始凭证汇总表代替记账凭证的，也必须具备记账凭证应有的项目。

(2)填制记账凭证时，应当对记账凭证进行连续编号。一笔经济业务需要填制两张以上记账凭证的，可以采用分数编号法编号。

(3)记账凭证可以根据每一张原始凭证填制，或者根据若干张同类原始凭证汇总填制，也可以根据原始凭证汇总表填制。但不得将不同内容和类别的原始凭证汇总填制在一张记账凭证上。

(4)除结账与更正错误的记账凭证可以不附原始凭证外，其他记账凭证必须附有原始凭证。如果一张原始凭证涉及几张记账凭证，可以把原始凭证附在一张主要的记账凭证后面，并在其他记账凭证上注明附有该原始凭证的记账凭证的编号或者附原始凭证复印件。

一张原始凭证所列支出需要几个单位共同负担的，应当将其他单位负担的部分，开给对方原始凭证分割单，进行结算。原始凭证分割单必须具备原始凭证的基本内容：凭证名称、填制凭证日期、填制凭证单位名称或者填制人姓名、经办人的签名或者盖章。接受凭证单位名称、经济业务内容、数量、单价、金额和费用分摊情况等。

(5)如果在填制记账凭证时发生错误，应当重新填制。已经登记入账的记账凭证，在当年内发现填写错误时，可以用红字填写一张与原内容相同的记账凭证，在摘要栏注明"注销某月某日某号凭证"字样，同时再用蓝字重新填制一张正确的记账凭证，注明"订正某月某日某号凭证"字样。如果会计科目没有错误，只是金额错误，也可以

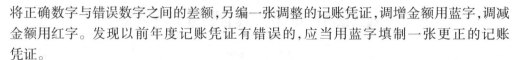

将正确数字与错误数字之间的差额,另编一张调整的记账凭证,调增金额用蓝字,调减金额用红字。发现以前年度记账凭证有错误的,应当用蓝字填制一张更正的记账凭证。

(6)记账凭证填制完经济业务事项后,如有空行,应当自金额栏最后一笔金额数字下的空行至合计数上的空行划线注销。

(7)填制会计凭证,字迹必须清晰、工整并符合下列要求。

①阿拉伯数字应当一个一个地写,不得连笔写。阿拉伯数字金额前面应当书写货币币种符号或者货币名称简写和币种符号。币种符号与阿拉伯金额数字之间不得留有空白。凡阿拉伯数字前写有币种符号的,数字后面不再写货币单位。

②所有以元为单位(其他货币种类为货币基本单位,下同)的阿拉伯数字,除表示单价等情况外,一律填写到角分;无角分的,角位和分位可写"00",或者符号"—";有角位的,分位应当写"0",不得用符号"—"代替。

③汉字大写数字金额如零、壹、贰、叁、肆、伍、陆、柒、捌、玖、拾、佰、仟、万、亿等,一律用正楷或者行书书写,不得用〇、一、二、三、四、五、六、七、八、九、十等代替,不得任意自造简化字。大写金额数字到元或者角为止的,在"元"或者"角"字之后应当写"整"字或者"正"字;大写金额数字有分的,分字后面不写"整"或者"正"字。

④大写金额数字前未印有货币名称的,应当加填货币名称,且货币名称与金额数字之间不得留有空白。

⑤阿拉伯数字金额中间有"0"时,汉字大写金额要写"零"字;阿拉伯数字金额中间连续有几个"0"时,汉字大写金额中可以只写一个"零"字;阿拉伯数字金额元位是"0",或者数字中间连续有几个"0"、元位也是"0"但角位不是"0"时,汉字大写金额可以只写一个"零"字,也可以不写"零"字。

(二)实验要求

(1)根据各项经济业务的原始凭证分别填制记账凭证,并连续编号。

(2)填制记账凭证时,可以填制收款凭证、付款凭证和转账凭证,也可以选择使用通用记账凭证。

(3)本章实验资料中部分原始单据(如材料出库单等)由实验者根据当月有关资料分析计算后填列并完成记账凭证的填制。

(4)将原始凭证剪下附在相应的记账凭证后面。产成品出库单及销售材料的材料出库单,在销售出库时填制,但应附在结转相关成本的记账凭证后面作为原始单据。

(三)记账凭证参考格式

收 款 凭 证

借方
科目＿＿＿＿＿＿＿＿＿ 　　　　年　　月　　日　　　　　　字 第 号

摘　　要	贷方总账科目	明 细 科 目	√	贷方金额									
				千	百	十	万	千	百	十	元	角	分
合　　计：　仟　佰　拾　万　仟　佰　拾　元　角　分													

附单据　　　张

　财务主管　　　记账　　　　出纳　　　　　　审核　　　　制单

付 款 凭 证

贷方
科目＿＿＿＿＿＿＿＿＿ 　　　　年　　月　　日　　　　　　字 第 号

摘　　要	借方总账科目	明 细 科 目	√	借方金额									
				千	百	十	万	千	百	十	元	角	分
合　　计：　仟　佰　拾　万　仟　佰　拾　元　角　分													

附单据　　　张

　财务主管　　　记账　　　　出纳　　　　　　审核　　　　制单

转 账 凭 证

年　月　日　　　　　　　　　　　　　　　　字第　　号

摘　要	总账科目	明细科目	√	借方金额	√	贷方金额	附
				百十万千百十元角分		百十万千百十元角分	单 据
							张
合　计：　仟佰拾万仟佰拾元角分							

财务主管　　　　　记账　　　　　　　　　审核　　　　制单

记 账 凭 证

年　月　日　　　　　　　　　　　　　　　　字第　　号

摘　要	总账科目	明细科目	√	借方金额	√	贷方金额	附
				百十万千百十元角分		百十万千百十元角分	单 据
							张
合　计：　仟佰拾万仟佰拾元角分							

财务主管　　　　　记账　　　　出纳　　　　审核　　　　制单

(四)实验资料

石家庄太行机床有限公司 2014 年 1 月份发生以下业务:

【1】1 月 1 日,销售部张力参加重庆商品交易会,预借差旅费 2 000 元,以现金支付。

(附单据:借款单)

【2】1 月 1 日,该公司从唐山市向阳燃料有限公司购进生铁 200 吨,单价 2 002.5 元;煤 100 吨,单价 152.5 元;焦炭 100 吨,单价 402.5 元。已开具增值税专用发票,材料尚未到达企业,款项已支付。

(附单据:增值税专用发票,信汇凭证回单)

【3】1 月 2 日,该公司因生产经营的临时性需要,向银行申请取得期限为 6 个月的借款 3 000 000 元,年利率为 6%,按季度付息,已存入银行。

(附单据:工商银行(短期贷款)借款凭证)

【4】1 月 3 日,出纳李卫华到开户行提取现金 1 500 元备用,填写现金支票 1 张。

(附单据:工商银行现金支票存根)

【5】1 月 4 日,公司办公室购买计算器 100 元,以现金支付,计算器由使用人直接领取。

(附单据:新华文化用品连锁店零售发票)

【6】1 月 6 日,销售部张力报销差旅费 1 896 元,交回现金 104 元。具体情况如下:

出差地点:石家庄—重庆;

车票金额:664 元(硬卧);

住宿费:每天 200 元,出差 3 天,共计 600 元;

伙食补助费:每天 80 元,共计 240 元;

其他费用:电话费 200 元,出租车费 192 元。

(附单据:借款单——结账联,差旅费报销单)

【7】1 月 6 日,收到重庆市鸿利型钢有限公司发来一批材料,其中:圆钢 50 吨,单价 3 200 元,价款 160 000 元,进项税额 27 200 元;轴承 500 套,单价 130 元,价款 65 000 元,进项税额 11 050 元;材料已验收入库,款项未支付。

(附单据:增值税专用发票,材料入库单 2 张)

【8】1 月 9 日,采用信汇结算方式偿还 1 月 6 日所购重庆鸿利型钢有限公司的货款 263 250 元。

(附单据:信汇凭证回单联)

【9】1 月 9 日,办公室结算富地大酒店餐饮费 1 200 元,以转账支票支付。

(附单据:工商银行转账支票存根,招待费发票)

【10】1 月 10 日,企业 1 月 1 日购买的材料已全部验收入库。

(附单据:材料入库单)

【11】1 月 10 日,收到银行转来的电力公司托收结算凭证的付款通知联,支付电费

3 510 元,其中增值税进项税额 510 元,电费中生产车间耗用 2 500 元,行政管理部门耗用 500 元。

(附单据:托收凭证,石家庄市电力公司电费增值税专用发票)

【12】1 月 10 日,收到银行转来的自来水公司托收结算凭证的付款通知联,支付水费 2 260 元,其中增值税进项税额 260 元,水费属于生产车间耗用。

(附单据:托收凭证,石家庄市自来水公司增值税专用发票)

【13】1 月 10 日,缴纳上期增值税、城建税、附加费及所得税。

(附单据:增值税、城建税、教育费附加及所得税缴款书)

【14】1 月 11 日,收到工商银行收款通知,收到重庆兰花轴承厂汇来的上月所欠货款 40 000 元。

(附单据:信汇凭证收账通知联)

【15】1 月 11 日,向石家庄轴承设备厂销售铣床(型号为 W160)10 台,单价 20 000 元,货已发出,专用发票上注明的价款 200 000 元,增值税 34 000 元。收到交来的银行转账支票一张。

(附单据:增值税专用发票,工商银行进账单,产成品出库单)

【16】1 月 12 日,收到重庆长城电机厂发运来的原材料电机(型号 Y123M)10 台,验收入库,货款前已预付。随材料附来的发票注明该批材料的价款 20 000 元,增值税进项税额 3 400 元,除冲销原预付款 17 000 元外,不足款项用支票支付。

(附单据:增值税专用发票,工商银行转账支票存根,材料入库单)

【17】1 月 12 日,从河北洪顺汽车贸易有限公司购入奥迪 A6 轿车一辆,价款 300 000 元,增值税专用发票上注明税款 51 000 元,款已汇出,小轿车已交付使用。

(附单据:增值税专用发票,信汇凭证回单联,固定资产验收单)

【18】1 月 13 日,该企业销售给石家庄轴承设备厂车床(型号为 1A680)10 台,单价 24 000 元,适用的增值税税率为 17%,价税合计 280 800 元。

(附单据:增值税专用发票,银行进账单,产成品出库单)

【19】1 月 14 日,购买 3 年期国库券 100 000 元,开出转账支票支付。

(附单据:存款凭证,工行转账支票存根)

【20】1 月 16 日,办公室购入办公耗材 400 元,以现金支付。

(附单据:新华文化用品连锁店零售发票)

【21】1 月 17 日,销售部门报销石门大酒店餐饮费 800 元。

(附单据:石家庄服务业定额发票)

【22】1 月 18 日,开出现金支票,提取备用现金 2 500 元。

(附单据:工商银行现金支票存根)

【23】1 月 18 日,从市邮政局订阅下年度报刊,支付现金 800 元。

(附单据:河北省石家庄市报刊发行专用发票)

【24】1 月 18 日,开出转账支票并提交工资结算明细,委托银行代发工资

100 000元。

（附单据：工商银行转账支票存根）

【25】1月19日，根据工资结算汇总表编制工资费用分配表。本月工资费用100 000元，其中：厂部管理人员工资6 000元，销售人员工资4 000元，生产车床人员工资50 000元，生产铣床人员工资40 000元。

（附单据：工资费用分配表）

【26】1月20日，生产车间购买办公用品1 420元，以转账支票支付。

（附单据：工商银行转账支票存根，新华文化用品连锁店零售发票）

【27】1月21日，销售给石家庄钢铁公司生铁28吨，单价2 350元，价款65 800元，增值税11 186元，款项收到存入银行。

（附单据：增值税专用发票，工商银行进账单，材料出库单）

【28】1月22日，开出转账支票，向中国儿童少年基金会捐款10 000元。

（附单据：捐赠收据，工商银行转账支票存根）

【29】1月23日，开出转账支票，支付市电视台广告费8 000元。

（附单据：工商银行转账支票存根，增值税专用发票）

【30】1月24日，该公司赊销给石家庄轴承设备厂5台铣床（型号为W160），单价20 000元，发票注明的价款100 000元，增值税额17 000元，货已发出，款未收。

（附单据：增值税专用发票，产成品出库单）

【31】1月25日，该公司按照合同规定预收重庆瑞祥金属制品有限公司订购车床（型号为1A680）的货款100 000元，存入银行。

（附单据：信汇收账通知联）

【32】1月25日，开出转账支票，支付本月行政管理部门日常修理费用1 200元。

（附单据：修理费发票，工商银行转账支票存根）

【33】1月26日，从华伟通讯科技有限公司购买传真机1台，价款3 500元，增值税专用发票上注明税款595元，以支票方式支付，传真机已验收，行政部门使用。

（附单据：工行银行转账支票存根，增值税专用发票，固定资产验收单）

【34】1月26日，支付网通电话费1 050元，开具转账支票。

（附单据：工商银行转账支票存根，电信局电话费发票）

【35】1月26日，根据"材料出库单"，本月生产车床领用原材料生铁100吨，圆钢50吨，轴承500套，生产铣床领用材料生铁100吨，圆钢50吨，轴承500套，根据材料出库单填制发料凭证汇总表，并按先进先出法计算领用材料成本。

（附单据：发出原材料汇总表及所附材料出库单）

【36】1月27日，重庆瑞祥金属制品有限公司预订车床（型号为1A680）10台，现已发货，发票注明的价款240 000元，增值税销项税额40 800元，合计280 800元。本月25日预收部分车床款项，其差额部分发货当日收到，存入银行。

（附单据：增值税专用发票，信汇收账通知联，产成品出库单）

【37】1 月 28 日,收到石家庄轴承设备厂通过银行转来的 1 月 24 日的货款117 000 元。

(附单据:工商银行进账单)

【38】1 月 31 日,该公司计提本月应负担的 1 月 2 日借入的短期借款利息。

(附单据:利息计提计算表)

【39】1 月 31 日,月末计提固定资产折旧 7 250 元。

(附单据:固定资产折旧计算表)

【40】1 月 31 日,月末结转制造费用(按生产人员工资分配)。

(附单据:制造费用分配表)

【41】1 月 31 日,生产车间本月生产完工车床(型号为 1A680)数量 10 台,单位成本为 20 000 元,铣床(型号为 W160)数量 5 台,单位成本为 16 000 元,两种产品验收入库(产成品与在产品之间分配标准及计算过程略)。

(附单据:产成品入库单,成本计算单)

【42】1 月 31 日,按先进先出法结转本月产品销售成本。

(附单据:发出商品成本汇总表)

【43】1 月 31 日,结转 1 月 21 日销售 28 吨生铁的成本(按先进先出法计算,发出生铁单位成本为 2 002.5 元,原始单据见【28】)。

【44】1 月 31 日,企业在清查存货资产时,盘盈材料生铁 0.25 吨,估计成本为 500 元。

(附单据:存货盘点表,账存实存对比表)

【45】1 月 31 日,盘盈材料报上级批准后,冲减当期管理费用。

【46】1 月 31 日,公司因急需资金,将账面成本为 420 000 元的天马股份,以 458 976 元的价格转让,所得款项存入银行(假设以前未发生公允价值变动损益)。

(附单据:银行进账单,成交过户交割凭单)

【47】1 月 31 日,该公司计提应缴纳的城建税和教育费附加。

(附单据:应交增值税计算表,应交城建税、教育税附加计算表)

【48】1 月 31 日,转出当月未交增值税。

【49】1 月 31 日,将本期实现的各项收入转入"本年利润"账户。

【50】1 月 31 日,将本期发生的各项成本费用转入"本年利润"账户。

【51】1 月 31 日,计提本月应交所得税,假设无纳税调整项目,所得税税率为 25%。

(附单据:所得税计算表)

【52】1 月 31 日,将所得税费用转入"本年利润"账户。

原始凭证1-1:借款单

借 款 单

2014 年 1 月 1 日　　　　　　　　　　　第 201401 号

借款单位	销售部		金　　额								
			十	万	千	百	十	元	角	分
人民币（大写）：贰仟元整		现金付讫			￥	2	0	0	0	0	0
借款事由：会议费											
领导批示	财务负责人	借款单位负责人		借款人							
李明	秦佳	杨勇		张力							

原始凭证2-1:工商银行信汇凭证回单联

中国工商银行　　**信汇凭证**　（回　单）　　　　**1**

委托日期　2014 年 1 月 1 日

汇款人	全　　称	石家庄太行机床有限公司	收款人	全　　称	唐山市向阳燃料有限公司										
	账　　号	2032809202183		账　　号	0402000000101										
	汇出地点	河北 省 石家庄 市/县		汇入地点	河北省省唐山市/县										
	汇出行名称	工商银行裕华支行		汇入行名称	工商银行开发区支行										
金额	人民币（大写）	伍拾叁万贰仟叁佰伍拾元整	工商银行裕华支行 2014年1月1日 付讫			亿	千	百	十	万	千	百	十	元	角	分
									￥	5	3	2	3	5	0	0	0
			支付密码												
			附加信息及用途：购买材料												
	汇出行签章			复核：康宁　记账：冉宏飞											

此联汇出行给汇款人的回单

原始凭证 2-2:增值税专用发票

河北增值税专用发票
抵扣联

1300061520

校验码:28602960303873892476

N⍛ 01117040

开票日期:2014 年 01 月 01 日

购货单位	名　　称：石家庄太行机床有限公司 纳税人识别号:110101280636967 地址、　电话:0311-88823956 开户行及账号:工商银行裕华支行 2032809202183				密码区	>50+/4-62750831/049<1 99302352+00>*4248/+8< 372027+43*3/>732<7-02 4-5/89-3/55*+1-21>77-	加密版本: 01 1300061520 01117040

货物或应税劳务名称	规格型号	单位	数量	单价	金额	税率	税额
生铁		吨	200	2 002.5	400 500	17%	68 085
煤		吨	100	152.5	15 250	17%	2 592.5
焦炭		吨	100	402.5	40 250	17%	6 842.5
合计					456 000		77 520

价税合计（大写）	⊗伍拾叁万叁仟伍佰贰拾元整		（小写）¥: 533 520

销货单位	名称:唐山市向阳燃料有限公司 纳税人识别号:130102222222274 地址、电话:0315-85124789 开户行及账号:工商银行开发区支行 0402000000101	备注	唐山市向阳燃料有限公司 130102222222274 销货单位:专章

收款人:李林　　　复核:王恒　　　开票人:张严

第一联：抵扣联　购货方作扣税凭证

原始凭证 2-3:增值税专用发票

河北增值税专用发票
发票联

1300061520

校验码:28602960303873892476

N⍛ 01117040

开票日期:2014 年 01 月 01 日

购货单位	名　　称：石家庄太行机床有限公司 纳税人识别号:110101280636967 地址、　电话:0311-88823956 开户行及账号:工商银行裕华支行 2032809202183				密码区	>50+/4-62750831/049<1 99302352+00>*4248/+8< 372027+43*3/>732<7-02 4-5/89-3/55*+1-21>77-	加密版本: 01 1300061520 01117040

货物或应税劳务名称	规格型号	单位	数量	单价	金额	税率	税额
生铁		吨	200	2 002.5	400 500	17%	68 085
煤		吨	100	152.5	15 250	17%	2 592.5
焦炭		吨	100	402.5	40 250	17%	6 842.5
合计					456 000		77 520

价税合计（大写）	⊗伍拾叁万叁仟伍佰贰拾元整		（小写）¥: 533 520

销货单位	名称:唐山市向阳燃料有限公司 纳税人识别号:130102222222274 地址、电话:0315-85124789 开户行及账号:工商银行开发区支行 0402000000101	备注	唐山市向阳燃料有限公司 130102222222274 发票专用章

收款人:李林　　　复核:王恒　　　开票人:张严

第二联：发票联　购货方记账凭证

原始凭证 3-1：工商银行（短期贷款）借款凭证

中国工商银行 **借款凭证**

日期：2014 年 1 月 2 日　　　　凭证号码：0154980

借款人	石家庄太行机床有限公司		账　号		21-8866-1681								
贷款金额	人民币（大写）叁佰万元整		千	百	十	万	千	百	十	元	角	分	
			￥	3	0	0	0	0	0	0	0	0	
用途	生产经营周转借款	期限	约定还款日期		2014 年 7 月 2 日								
		6 个月	贷款利率	6%（年）	借款合同号码		20140101						

上列贷款已转入借款人的指定账户。

银行盖章　　　　　　复核 杜子美　　记账 蒋之萍

此联代收款人收账通知

原始凭证 4-1：工商银行现金支票存根

中国工商银行

现金支票存根（冀）

$\frac{B\ K}{0\ 2}$　023026771

附加信息 _____

_____

_____

出票日期　2014 年　1 月　3 日

收款人：石家庄太行机床有限公司

金　额：1 500.00

用　途：提备用金

单位主管　　　　　会计

原始凭证 5-1：新华文化用品连锁店零售发票

河北省国家税务局通用手工发票（E）

发 票 联

发票代码 11300121122

发票号码 02647334

2014 年 1 月 4 日

付款单位：石家庄太行机床有限公司

项 目 内 容	金　额						备　注
	千	百	十	元	角	分	
计算器　4 个　单价 25 元		1	0	0	0	0	
合 计 人 民 币（大写） 壹佰元整	￥	1	0	0	0	0	

现金付讫

收款单位名称：

收款单位税号：

开票人 李阳

第二联 发票联

原始凭证 6-1：借款单（结账联）

借　款　单

2014 年 1 月 1 日

第 201401 号

借款单位	销售部	金　额							
		十	万	千	百	十	元	角	分
人民币（大写）：贰仟元整			￥	2	0	0	0	0	0
借款事由：会议费									
领导批示	财务负责人	借款单位负责人			借款人				
李明	秦佳	杨勇			张力				

第二联 结账联

原始凭证6-2:差旅费报销单

差 旅 费 报 销 单

单位:**销售部**　　　　　　　　　　　　2014 年 1 月 6 日

出发地			到达地			公出补助			车船飞机费	卧铺	住宿费	市内车费	其他	合计金额
月	日	地点	月	日	地点	天数	标准	金额						
1	1	石家庄	1	3	重庆	3	80元/天	240.00		664.00	600.00	192.00	200.00	1 896.00
														¥1 896.00

附件10张

合计人民币(大写)**壹仟捌佰玖拾陆元整**

备　注:原借 2 000 元,实报 1 896 元,交回现金 104 元。

单位领导:**李明**　　　　财务主管:**秦佳**　　　　公出人姓名:**张力**　　　　审核人:**刘林**

原始凭证7-1:增值税专用发票

重庆增值税专用发票

抵扣联

1300061520　　　　　　　　　　　　　　　　　　　　　　　No 01117041

校验码:28602960303873892476　　　　　　　　开票日期:2014 年 01 月 06 日

购货单位	名　称:石家庄太行机床有限公司	密码区	>50+/4-62750831/049<1	加密版本:01
	纳税人识别号:110101280636967		99302352+00>*4248/+8<	11300061520
	地址、电话:0311-88823956		372027+43*3/>732<7-02	01117041
	开户行及账号:工商银行裕华支行 2032809202183		4-5/89-3/55*+1-21>77-	

货物或应税劳务名称	规格型号	单位	数量	单价	金额	税率	税额
圆钢		吨	50	3 200	160 000	17%	27 200
轴承		套	500	130	65 000	17%	11 050
合计					225 000		38 250

价税合计(大写)	⊗贰拾陆万叁仟贰佰伍拾元整	(小写)¥: 263 250

销货单位	名称:重庆市鸿利型钢有限公司	备注	
	纳税人识别号:140103333333029		
	地址、电话:023-61658971		
	开户行及账号:重庆市工商银行桥西支行 3100111111201		

收款人:**李洁**　　　　复核:**张帆**　　　　开票人:**刘叶**　　　　销货单位:(章)专用章

第一联:抵扣联　购货方作扣税凭证

原始凭证 7-2：增值税专用发票

重庆增值税专用发票

发票联

1300061520

校验码：28602960303873892476

N̲o̲ 01117041

开票日期：2014 年 01 月 06 日

购货单位	名　　称：石家庄太行机床有限公司	密码区	>50+/4-62750831/049<1 99302352+00>*4248/+8< 372027+43*3/>732<7-02 4-5/89-3/55*+1-21>77-	加密版本：01 11300061520 01117041
	纳税人识别号：110101280636967			
	地址、　电话：0311-88823956			
	开户行及账号：工商银行裕华支行 2032809202183			

货物或应税劳务名称	规格型号	单位	数量	单价	金额	税率	税额
圆钢		吨	50	3 200	160 000	17%	27 200
轴承		套	500	130	65 000	17%	11 050
合计					225 000		38 250

价税合计（大写）	⊗贰拾陆万叁仟贰佰伍拾元整	（小写）¥: 263 250

销货单位	名称：重庆市鸿利型钢有限公司	备注	
	纳税人识别号：140103333333029		
	地址、电话：023-61658971		
	开户行及账号：重庆市工商银行桥西支行 3100111111201		

收款人：李洁　　复核：张帆　　开票人：刘叶　　销货单位：(章)

第二联：发票联　购货方记账凭证

原始凭证 7-3：材料入库单

石家庄太行机床有限公司材料入库单

仓库名称：原材料仓库　　　　2014 年 1 月 6 日　　　　N̲o̲：20140101

材料名称	材质	规格	单位	数量 送验	数量 实收	单价	金额	运杂费	金额合计	发货单位
圆钢			吨	50	50	3 200	160 000		160 000	重庆鸿利型钢公司
										合同号
										201401012
合计									160 000	

财务主管：秦佳　　供应科长：王刚　　仓库验收：杨红　　采购员：陈方

第二联 记账联

原始凭证 7-4：材料入库单

石家庄太行机床有限公司材料入库单

仓库名称：原材料仓库　　　　2014 年 1 月 6 日　　　　No：20140102

材料名称	材质	规格	单位	数量		单价	金额	运杂费	金额合计	发货单位
				送验	实收					
轴承			套	500	500	130	65 000		65 000	重庆鸿利型钢公司
										合同号
										201401012
合 计									65 000	

第二联 记账联

财务主管：秦佳　　供应科长：王刚　　仓库验收：杨红　　采购员：陈方

原始凭证 8-1：工商银行的信汇回单联

中国工商银行 信汇凭证（回 单） 1

委托日期 2014 年 1 月 9 日

汇款人	全 称	石家庄太行机床有限公司	收款人	全 称	重庆市鸿利型钢有限公司
	账 号	2032809202183		账 号	3100111111201
	汇出地点	河北 省 石家庄 市/县		汇入地点	省 重庆 市/县
汇出行名称		工商银行裕华支行	汇入行名称		重庆市工商银行桥西支行
金额	人民币（大写）	贰拾陆万叁仟贰佰伍拾元整		亿千百十万千百十元角分	¥ 2 6 3 2 5 0 0 0
			支付密码		
			附加信息及用途：		
汇出行签章			复核：康 宁 记账：冉宏飞		

工商银行裕华支行 2014年1月9日 转讫

此联汇出行给汇款人的回单

原始凭证9-1：工商银行的转账支票存根

中国工商银行
转账支票存根（冀）
$\dfrac{B}{0}\dfrac{K}{2}$　023016763

附加信息 _____
_____
_____
_____

出票日期　2014 年 1 月 9 日

| 收款人：富地大酒店 |
| 金　　额：1 200.00 |
| 用　　途：招待费 |

单位主管　　　　　　　会计

✂ - ✂

原始凭证9-2：招待费发票

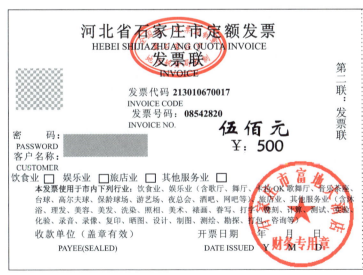

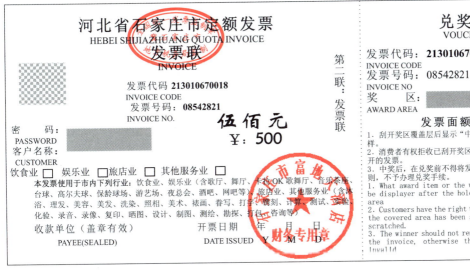

河北省石家庄市定额发票
HEBEI SHIJIAZHUANG QUOTA INVOICE
发票联
INVOICE

发票代码 213010670018
INVOICE CODE
发票号码：08542821
INVOICE NO.

密　码：
PASSWORD
客户名称：
CUSTOMER

伍佰元
￥：500

饮食业 □ 娱乐业 □ 旅店业 □ 其他服务业 □

本发票使用于市内下列行业：饮食业、娱乐业（含歌厅、舞厅、卡拉OK歌舞厅、音乐茶座、台球、高尔夫球、保龄球场、游艺场、夜总会、酒吧、网吧等）旅店业、其他服务业（含沐浴、理发、美容、美发、洗染、照相、美术、裱画、誊写、打字、镌刻、计算、测试、实验、化验、录音、录像、复印、晒图、设计、制图、测绘、勘探、打包、咨询等）

收款单位（盖章有效）
PAYEE(SEALED)

开票日期　　年　月　日
DATE ISSUED Y　M　D

第二联：发票联

兑奖联
VOUCHER

发票代码：**213010670018**
INVOICE CODE
发票号码：08542821
INVOICE NO
奖　区：
AWARD AREA

发票面额：￥500

1. 刮开奖区覆盖层后显示"中×等奖"或"谢谢索票"字样。
2. 消费者有权拒收已刮开奖区覆盖层或奖区覆盖层不能刮开的发票。
3. 中奖后，在兑奖前不得将发票联和兑奖联自行撕开。否则，不予办理兑奖手续。
1. What award item or the words for "thanks" will be displayer after the holder scratches the covered area
2. Customers have the right to refuse the invoice which the covered area has been scratched or couldn't be scratched.
3. The winner should not remove the voucher part from the invoice, otherwise the voucher is considered invalid.

河北省石家庄市定额发票
HEBEI SHIJIAZHUANG QUOTA INVOICE
发票联
INVOICE

发票代码 213010670019
INVOICE CODE
发票号码：08542822
INVOICE NO.

密　码：
PASSWORD
客户名称：
CUSTOMER

贰佰元
￥：200

饮食业 □ 娱乐业 □ 旅店业 □ 其他服务业 □

本发票使用于市内下列行业：饮食业、娱乐业（含歌厅、舞厅、卡拉OK歌舞厅、音乐茶座、台球、高尔夫球、保龄球场、游艺场、夜总会、酒吧、网吧等）旅店业、其他服务业（含沐浴、理发、美容、美发、洗染、照相、美术、裱画、誊写、打字、镌刻、计算、测试、实验、化验、录音、录像、复印、晒图、设计、制图、测绘、勘探、打包、咨询等）

收款单位（盖章有效）
PAYEE(SEALED)

开票日期　　年　月　日
DATE ISSUED Y　M　D

第二联：发票联

兑奖联
VOUCHER

发票代码：**213010670019**
INVOICE CODE
发票号码：08542822
INVOICE NO
奖　区：
AWARD AREA

发票面额：￥200

1. 刮开奖区覆盖层后显示"中×等奖"或"谢谢索票"字样。
2. 消费者有权拒收已刮开奖区覆盖层或奖区覆盖层不能刮开的发票。
3. 中奖后，在兑奖前不得将发票联和兑奖联自行撕开。否则，不予办理兑奖手续。
1. What award item or the words for "thanks" will be displayer after the holder scratches the covered area.
2. Customers have the right to refuse the invoice which the covered area has been scratched or couldn't be scratched.
3. The winner should not remove the voucher part from the invoice, otherwise the voucher is considered invalid.

原始凭证 10-1：材料入库单

石家庄太行机床有限公司材料入库单

仓库名称：原材料仓库　　　　　　2014 年 1 月 10 日　　　　　　No：20140103

材料名称	材质	规格	单位	数量		单价	金额	运杂费	金额合计	发货单位
				送验	实收					
生铁			吨	200	200	2 002.5	400 500		400 500	唐山向阳燃料公司
										合同号
										201401011
合　计									400 500	

财务主管：秦佳　　　　　　供应科长：王刚　　　　　　仓库验收：杨红　　　　　采购员：陈方

原始凭证 10-2：材料入库单

石家庄太行机床有限公司材料入库单

仓库名称：原材料仓库　　　　　　2014 年 1 月 10 日　　　　　　No：20140104

材料名称	材质	规格	单位	数量		单价	金额	运杂费	金额合计	发货单位
				送验	实收					
煤			吨	100	100	152.5	15 250		15 250	唐山向阳燃料公司
										合同号
										201401011
合　计									15 250	

财务主管：秦佳　　　　　　供应科长：王刚　　　　　　仓库验收：杨红　　　　　采购员：陈方

原始凭证 10-3：材料入库单

石家庄太行机床有限公司材料入库单

仓库名称：原材料仓库　　　　　　2014 年 1 月 10 日　　　　　　No：20140105

材料名称	材质	规格	单位	数量		单价	金额	运杂费	金额合计	发货单位
				送验	实收					
焦炭			吨	100	100	402.5	40 250		40 250	唐山向阳燃料公司
										合同号
										201401011
合　计									40 250	

财务主管：秦佳　　　　　　供应科长：王刚　　　　　　仓库验收：杨红　　　　　采购员：陈方

原始凭证 11-1：托收凭证

5　**1026270**

托收凭证（付款通知）

委托日期 2014 年 1 月 10 日

付款期限　年 月 日

业务类型	委托收款（☑邮划、□电划）　托收承付（□邮划、□电划）															
付款人	全称	石家庄太行机床有限公司		收款人	全称	石家庄市电力公司										
	账号	2032809202183			账号	258333555777222										
	地址	河北省石家庄市　开户行 工商银行裕华支行			地址	河北省石家庄市　开户行 工商银行桥西支行										

金额	人民币（大写）	叁仟伍佰壹拾元整	亿	千	百	十	万	千	百	十	元	角	分
							￥	3	5	1	0	0	0

款项内容	电费	托收凭据名称		附寄单证张数	1
商品发运情况				合同名称号码	

备注：

付款人注意：
1. 根据支付结算方法，上列委托收款（托收承付）款项在付款期限内未提出拒付，即视为同意付款通知。
2. 如需提出全部或部分拒付，应在规定期限内，将拒付理由书并附债务证明退交开户银行。

付款人开户银行收到日期
　年 月 日
复核　　记账

付款人开户银行签章
　　年 月 日

此联付款人开户银行给付款人按期付款通知

（印章）工商银行裕华支行　2014年1月10日　转讫

原始凭证 11-2：增值税专用发票

河北增值税专用发票

抵扣联

1300061520

No 01117042

校验码：28602960303873892476

开票日期：2014 年 01 月 10 日

购货单位	名　称：石家庄太行机床有限公司 纳税人识别号：110101280636967 地址、　电话：0311-88823956 开户行及账号：工商银行裕华支行 2032809202183	密码区	>50+/4-62750831/049<1 99302352+00)*4248/+8< 372027+43*3/>732<7-02 4-5/89-3/55*+1-21>77-	加密版本：01 11300061520 01117042

货物或应税劳务名称	规格型号	单位度	数量	单价	金额	税率	税额
电费					3 000	17%	510
合计					3 000		510

价税合计（大写）	⊗叁仟伍佰壹拾元整	（小写）￥: 3 510

销货单位	名称：石家庄市电力公司 纳税人识别号：110101280631234 地址、电话：0311-87814639 开户行及账号：工商银行桥西支行　258333555777222	备注	（印章）石家庄市电力公司 110101280631234 发票专用章

收款人：郝佳　　　　复核：夏雨　　　　开票人：张美　　　　销货单位：（专用章）

第一联：抵扣联　购货方作扣税凭证

原始凭证 11-3：增值税专用发票

河北增值税专用发票

发票联

1300061520
校验码：28602960303873892476

No 01117042
开票日期：2014 年 01 月 10 日

购货单位	名　　称：石家庄太行机床有限公司 纳税人识别号：110101280636967 地址、电话：0311-88823956 开户行及账号：工商银行裕华支行 2032809202183				密码区	>50+/4-62750831/049<1 99302352+00>*4248/+8< 372027+43*3/>732<7-02 4-5/89-3/55*+1-21>77-	加密版本：01 11300061520 01117042

货物或应税劳务名称	规格型号	单位度	数量	单价	金额	税率	税额
电费					3 000	17%	510
合计					3 000		510

价税合计（大写）	⊗叁仟伍佰壹拾元整	（小写）¥：3 510

销货单位	名称：石家庄市电力公司 纳税人识别号：110101280631234 地址、电话：0311-87814639 开户行及账号：工商银行桥西支行 258333555777222	备注	

收款人：郝佳　　　　复核：夏雨　　　　开票人：张美　　　　销货单位：（章）

第二联：发票联　购货方记账凭证

原始凭证 12-1：托收凭证

5　1026271

托收凭证（付款通知）

付款期限　年 月 日

委托日期 2014 年 1 月 10 日

业务类型	委托收款（☑邮划、□电划）　托收承付（□邮划、□电划）																
付款人	全　称	石家庄太行机床有限公司			收款人	全　称	石家庄市自来水公司										
	账　号	2032809202183				账　号	258333551244222										
	地　址	河北省石家庄市	开户行	工商银行裕华支行		地　址	河北 省石家庄市	开户行	工商银行桥东支行								

金额	人民币（大写）	贰仟贰佰陆拾元整	亿	千	百	十	万	千	百	十	元	角	分
							¥	2	2	6	0	0	0

款项内容	水费	托收凭据名称	水费专用发票	附寄单证张数	1
商品发运情况				合同名称号码	

此联付款人开户银行给付款人按期付款通知

备注：

付款人注意：
1. 根据支付结算办法，上列委托收款（托收承付）款项在付款期限内未提出拒付，即视为同意付款通知。
2. 如需提出全部或部分拒付，应在规定期限内，将拒付理由书并附债务证明退交开户银行。

付款人开户银行收到日期
　　　　年 月 日
　复核　记账

付款人开户银行签章
　　　　年 月 日

工商银行裕华支行
2014年1月10日
转讫

原始凭证 12-2：增值税专用发票

河北增值税专用发票
抵扣联

1300061520

No 01117043

校验码：28602960303873892476

开票日期:2014 年 01 月 10 日

购货单位	名　　称：石家庄太行机床有限公司				密码区	＞50+/4-62750831/049<1	加密版本: 01
	纳税人识别号：110101280636967					99302352+00>*4248/+8<	11300061520
	地址、　电话：0311-88823956					372027+43*3/>732<7-02	01117043
	开户行及账号：工商银行裕华支行 2032809202183					4-5/89-3/55*+1-21>77-	

货物或应税劳务名称	规格型号	单位	数量	单价	金额	税率	税额
水费		立方米			2 000	13%	260
合计					2 000		260

价税合计（大写）	⊗贰仟贰佰陆拾元整	（小写）¥. 2 260

销货单位	名称：石家庄市自来水公司	备注
	纳税人识别号：110101280632345	
	地址、电话：0311-87814639	
	开户行及账号：工商银行桥东支行 258333551244222	

收款人：李齐　　　　复核：张佳　　　　开票人：吴月　　　　销货单位:（章）

第一联：抵扣联　购货方作扣税凭证

原始凭证 12-3：增值税专用发票

河北增值税专用发票
发票联

1300061520

No 01117043

校验码：28602960303873892476

开票日期:2014 年 01 月 10 日

购货单位	名　　称：石家庄太行机床有限公司				密码区	＞50+/4-62750831/049<1	加密版本: 01
	纳税人识别号：110101280636967					99302352+00>*4248/+8<	11300061520
	地址、　电话：0311-88823956					372027+43*3/>732<7-02	01117043
	开户行及账号：工商银行裕华支行 2032809202183					4-5/89-3/55*+1-21>77-	

货物或应税劳务名称	规格型号	单位	数量	单价	金额	税率	税额
水费		立方米			2 000	13%	260
合计					2 000		260

价税合计（大写）	⊗贰仟贰佰陆拾元整	（小写）¥: 2 260

销货单位	名称：石家庄市自来水公司	备注
	纳税人识别号：110101280632345	
	地址、电话：0311-87814639	
	开户行及账号：工商银行桥东支行 258333551244222	

收款人：李齐　　　　复核：张佳　　　　开票人：吴月　　　　销货单位:（章）

第二联：发票联　购货方记账凭证

原始凭证 13-1：增值税缴款书

中 华 人 民 共 和 国
税 收 通 用 缴 款 书 　　　 国

隶属关系：　　　　　　　　　　　　　　　　　（20141）冀国缴电：No 0314010X

注册类型：民营企业　　　填发日期：2014 年 1 月 10 日　　　征收机关：石家庄市国家税务局

缴款单位（人）	代　码	887799996623245	预算科目	编码	010103
	全　称	石家庄太行机床有限公司		名称	增值税
	开户银行	工商银行裕华支行		级次	中央、地方共享
	账　号	2032809202183		收款国库	裕华支库

税款所属时期	2013 年 12 月 1—31 日			税款限缴日期	2014 年 1 月 10 日	
品　目 名　称	课　税 数　量	计税金额或 销售收入	税率或 单位税额	已缴或 扣除额	实缴金额	
机械制造		1 297 747.00	0.17	185 416.99	35 200.00	

金额合计　（大写）叁万伍仟贰佰元整　　　　　　　　　　　　　　￥35 200.00

上列款项已收妥并划转收款单位账户

| 缴款单位（人）
（盖章）
经办人（章） | 税务机关
（盖章）
填票人（章） | 国库（银行）盖章　　　年　月　日 | 备
注 |

逾期不缴按税法规定加收滞纳金

工商银行裕华支行
2014年1月10日
转讫

（左侧竖排）无银行收讫章无效

（右侧竖排）第一联（收据）　国库（银行）收款盖章后退缴款单位（人）作完税凭证

原始凭证 13-2：城建税缴款书

中 华 人 民 共 和 国
税 收 通 用 缴 款 书

隶属关系：　　　　　　　　　　　　　　　　　　　　（20141）冀地缴电：No 0311020X

注册类型：民营企业　　　　填发日期：2014 年 1 月 10 日　　　征收机关：石家庄市地方税务局

缴款单位（人）	代　码	887799996623245	预算科目	编码	10060
	全　称	石家庄太行机床有限公司		名　称	城市维护建设税
	开户银行	上尚银行裕华支行		级　次	地方级
	账　号	2032809202183	收款国库		裕华支库

| 税款所属时期 | | 2013 年 12 月 1—31 日 | 税款限缴日期 | | 2014 年 1 月 10 日 |

品　目名　称	课税数　量	计税金额或销售收入	税率或单位税额	已缴或扣除额	实缴金额
增 值 税		35 200.00	0.07		2 464.00

金额合计（大写）贰仟肆佰陆拾肆元整　　　　　　　　　　　　　¥2 464.00

| 缴款单位（人）（盖章）　经办人（章） | 税 务 机 关（盖章）　填票人（章） | 上列款项已收妥并划转收款单位账户　　国库（银行）盖章　年 月 日 | 备注 |

逾期不缴按税法规定加收滞纳金

原始凭证 13-3：教育费附加缴款书

中 华 人 民 共 和 国
税 收 通 用 缴 款 书

地

隶属关系：						(20141) 冀地缴电 No 0311030X

注册类型：民营企业　　　　　填发日期：2014 年 1 月 10 日　　　　　征收机关：石家庄市地方税务局

缴款单位（人）	代　码	887799996623245		预算科目	编码	70030
	全　称	石家庄太行机床有限公司			名称	教育费附加
	开户银行	工商银行裕华支行			级次	地方级
	账　号	2032809202183		收款国库		裕华支库

税款所属时期		2013 年 12 月 1—31 日		税款限缴日期		2014 年 1 月 10 日	
品目名称	课税数量	计税金额或销售收入		税率或单位税额		已缴或扣除额	实缴金额
增值税		35 200.00		0.04			1 408.00
金额合计　（大写）壹仟肆佰零捌元整							￥1 408.00

缴款单位（人）（盖章）经办人（章）	税务机关（盖章）填票人（章）	上列款项已收妥并划转收款单位账户国库（银行）盖章　　年　月　日	备注

逾期不缴按税法规定加收滞纳金

无银行收讫章无效

第一联（收据）国库（银行）收款盖章后退缴款单位（人）作完税凭证

原始凭证 13-4：所得税缴款书

中 华 人 民 共 和 国
税 收 通 用 缴 款 书

  (国)

隶属关系：

注册类型：民营企业　　　填发日期：2014 年 1 月 10 日　　　　征收机关：石家庄市国家税务局

(20141) 冀国缴电：No 0314010Y

缴款单位（人）	代　码	887799996623245	预算科目	编　码	048304
	全　称	石家庄太行机床有限公司		名　称	所得税
	开户银行	工商银行裕华支行		级　次	中央、地方共享
	账　号	2032809202183	收款国库		裕华支库

税款所属时期		2013 年 12 月 1—31 日	税款限缴日期		2014 年 1 月 15 日	
品　目名　称	课　税数　量	计税金额或销售收入	税率或单位税额	已缴或扣除额	实缴金额	
机械制造		262 320.00	0.25	58 980	6 600.00	
金额合计（大写）陆仟陆佰元整					￥6 600.00	

缴款单位（人）（盖章）　经办人（章）	税务机关（盖章）　填票人（章）	上列款项已收妥并划转收款单位账户国库（银行）盖章　　年　月　日	备注

税务机关021号

工商银行裕华支行
2014年1月10日
转讫

逾期不缴按税法规定加收滞纳金

无银行收讫章无效

第一联（收据）国库（银行）收款盖章后退缴款单位（人）作完税凭证

原始凭证14-1：工商银行信汇凭证

中国工商银行　　**信汇凭证**　　（收账通知）　　　　**4**

委托日期 2014 年 1 月 11 日

汇款人	全　称	重庆兰花轴承厂	收款人	全　称	石家庄太行机床有限公司	
	账　号	3100116789333		账　号	2032809202183	
	汇出地点	省 重庆 市/县		汇入地点	河北 省 石家庄 市/县	

汇出行名称	重庆市工商银行开发区支行	汇入行名称	工商银行裕华支行

金额	人民币（大写）	肆万元整	亿 千 百 十 万 千 百 十 元 角 分
			￥ 4 0 0 0 0 0 0

款项已收入收款人账户　　支付密码　　

附加信息及用途：购买材料

汇出行签章　　复核 李霞云 记账：

工商银行裕华支行　2014年1月11日　转讫

原始凭证15-1：工商银行进账单

中国工商银行　　**进　账　单**（收账通知）　　**3**

2014 年 1 月 11 日

出票人	全　称	石家庄轴承设备厂	收款人	全　称	石家庄太行机床有限公司	
	账　号	0402000000999		账　号	2032809202183	
	开户银行	石家庄工商银行桥东支行		开户银行	工商银行裕华支行	

金额	人民币（大写）	贰拾叁万肆仟零佰零拾零元整	亿 千 百 十 万 千 百 十 元 角 分
			￥ 2 3 4 0 0 0 0 0

票据种类	转账支票	票据张数	1
票据号码			

复核 张 华 记账 李云云　　开户银行签章

工商银行裕华支行　2014年1月11日　转讫

原始凭证 15-2：增值税专用发票

河北增值税专用发票

记账联

1300061520

No 01117044

校验码：28602960303873892476

开票日期：2014 年 01 月 11 日

<table>
<tr><td rowspan="4">购货单位</td><td colspan="2">名　　　称：石家庄轴承设备厂</td><td rowspan="4">密码区</td><td colspan="4">＞50+/4-62750831/049＜1
99302352+00＞*4248/+8＜
372027+43*3/＞732＜7-02
4-5/89-3/55*+1-21＞77-</td><td rowspan="4">加密版本：01
11300061520
01117044</td></tr>
<tr><td colspan="2">纳税人识别号：130102371302117</td></tr>
<tr><td colspan="2">地址、　电话：0311-88456123</td></tr>
<tr><td colspan="2">开户行及账号：工商银行桥东支行 0402000000999</td></tr>
<tr><td>货物或应税劳务名称</td><td>规格型号</td><td>单位</td><td>数量</td><td>单价</td><td>金额</td><td>税率</td><td colspan="2">税额</td></tr>
<tr><td>铣床</td><td>W160</td><td>台</td><td>10</td><td>20 000</td><td>200 000</td><td>17%</td><td colspan="2">34 000</td></tr>
<tr><td>合计</td><td></td><td></td><td></td><td></td><td>200 000</td><td></td><td colspan="2">34 000</td></tr>
<tr><td>价税合计（大写）</td><td colspan="4">⊗贰拾叁万肆仟元整</td><td colspan="4">（小写）¥：234 000</td></tr>
<tr><td rowspan="4">销货单位</td><td colspan="2">名称：石家庄太行机床有限公司</td><td rowspan="4">备注</td><td colspan="5" rowspan="4"></td></tr>
<tr><td colspan="2">纳税人识别号：110101280636967</td></tr>
<tr><td colspan="2">地址、电话：0311-88823956</td></tr>
<tr><td colspan="2">开户行及账号：工商银行裕华支行 2032809202183</td></tr>
</table>

收款人：李永　　　　复核：林雨　　　　开票人：张娜　　　　销货单位：（专用章）

第三联：记账联　销货方作销售的记账凭证

原始凭证 15-3：产成品出库单

石家庄太行机床有限公司产成品出库单

编号：20140101

购货单位：石家庄轴承设备厂　　　　2014 年 1 月 11 日　　　　仓库：产成品仓库

<table>
<tr><td rowspan="2">类别</td><td rowspan="2">编号</td><td rowspan="2">名称及规格</td><td rowspan="2">计量单位</td><td colspan="2">数　量</td><td rowspan="2">单位成本</td><td rowspan="2">总成本</td></tr>
<tr><td>请发</td><td>实发</td></tr>
<tr><td>主要产品</td><td>01</td><td>铣床 W160</td><td>台</td><td>10</td><td>10</td><td></td><td></td></tr>
<tr><td></td><td></td><td></td><td></td><td></td><td></td><td></td><td></td></tr>
<tr><td></td><td></td><td></td><td></td><td></td><td></td><td></td><td></td></tr>
<tr><td>合　计</td><td></td><td></td><td></td><td></td><td></td><td></td><td></td></tr>
</table>

仓库主管：李远　　　　记账：李蕾　　　　发货人：杨伟　　　　经办人：宋涛

第二联　记账联

原始凭证 16-1：工商银行转账支票存根

中国工商银行
转账支票存根（冀）
B K
0 2　023016764

附加信息 _____
_____
_____

出票日期　2014 年 1 月 12 日

收款人：	重庆市长城电机厂
金　额：	6 400.00
用　途：	购买材料

单位主管　　　　　　会计

原始凭证 16-2：增值税专用发票

重庆增值税专用发票
抵扣联

1300061520　　　　　　　　　　　　　　　　　　　　No 01117045
校验码：28602960303873892476　　　　　　　　开票日期：2014 年 01 月 12 日

购货单位	名　称：石家庄太行机床有限公司 纳税人识别号：110101280636967 地址、电话：0311-88823956 开户行及账号：工商银行裕华支行 2032809202183	密码区	>50+/4-62750831/049<1 99302352+00>*4248/+8< 372027+43*3/>732<7-02 4-5/89-3/55*+1-21>77-	加密版本：01 11300061520 01117045

货物或应税劳务名称	规格型号	单位	数量	单价	金额	税率	税额
电机	Y123M	台	10	2 000	20 000	17%	3 400
合计					20 000		3 400

价税合计（大写）	⊗贰万叁仟肆佰元整	（小写）¥：23 400

销货单位	名称：重庆市长城电机厂 纳税人识别号：140102611102057 地址、电话：023-63513369 开户行及账号：重庆市工商银行永安支行 3100111111222	备注	

收款人：齐辉　　　复核：张洁　　　开票人：岳红　　　销货单位：（章）

第一联：抵扣联　购货方作扣税凭证

原始凭证 16-3：增值税专用发票

重庆增值税专用发票

发票联

1300061520

校验码：28602960303873892476

No 01117045

开票日期：2014 年 01 月 12 日

购货单位	名　称：石家庄太行机床有限公司
	纳税人识别号：110101280636967
	地址、　电话：0311-88823956
	开户行及账号：工商银行裕华支行 2032809202183

密码区
>50+/4-62750831/049<1
99302352+00>*4248/+8<
372027+43*3/>732<7-02
4-5/89-3/55*+1-21>77-

加密版本：01
11300061520
01117045

货物或应税劳务名称	规格型号	单位	数量	单价	金额	税率	税额
电机	Y123M	台	10	2 000	20 000	17%	3 400
合计					20 000		3 400

价税合计（大写）	⊗贰万叁仟肆佰元整	（小写）¥：23 400

销货单位	名称：重庆市长城电机厂	备注
	纳税人识别号：140102611102057	
	地址、电话：023-63513369	
	开户行及账号：重庆市工商银行永安支行 3100111111222	

收款人：齐辉　　复核：张洁　　开票人：岳红　　销货单位：（章）

重庆市长城电机厂
140102611102057
发票专用章

第二联：发票联　购货方记账凭证

原始凭证 16-4：材料入库单

石家庄太行机床有限公司材料入库单

仓库名称：原材料仓库　　　　2014 年 1 月 12 日　　　　No：20140106

材料名称	材质	规格	单位	数量		单价	金额	运杂费	金额合计	发货单位
				送验	实收					
电机 Y123M			台	10	10	2 000	20 000		20 000	重庆市长城电机厂
										合同号
										201401013
合　计									20 000	

财务主管：秦佳　　　供应科长：王刚　　　仓库验收：杨红　　　采购员：陈方

第二联　记账联

原始凭证 17-1：工商银行信汇凭证

中国工商银行　　**信汇凭证**　（回单）　　　　**1**

委托日期 2014 年 1 月 12 日

汇款人	全　称	石家庄太行机床有限公司	收款人	全　称	河北洪顺汽车贸易有限公司
	账　号	2032809202183		账　号	0402123412341234567
	汇出地点	河北 省 石家庄 市/县		汇入地点	河北 省 保定 市/县
	汇出行名称	工商银行裕华支行		汇入行名称	石家庄市工商银行开发区支行

金额	人民币（大写）	叁拾伍万壹仟元整	亿	千	百	十	万	千	百	十	元	角	分
						¥	3	5	1	0	0	0	0	0

支付密码

附加信息及用途：购入汽车

汇出行签章　　　　　　　　复核 康宁　记账 冉宏飞

（盖章：工商银行裕华支行 2014年1月12日 转讫）

此联汇出行给汇款人的回单

原始凭证 17-2：固定资产验收单

固 定 资 产 验 收 单

2014 年 1 月 12 日　　　　　　　No. 086

固定资产名称	型号	计量单位	数量	供货单位		
汽车	奥迪 A6	辆	1	河北洪顺汽车贸易有限公司		
总价	设备费	安装费	运杂费	包装费	其他	合计	预计年限	净残值率
	351 000					351 000	10	4%
验收意见	合格	验收人签章	刘大为	保管使用人签章		李朋

原始凭证 17-3：增值税专用发票

河北增值税专用发票

抵扣联

1300061520

校验码：28602960303873892476

开票日期：2014 年 01 月 12 日

No 01117046

购货单位	名　　称：石家庄太行机床有限公司 纳税人识别号：110101280636967 地址、　电话：0311-88823956 开户行及账号：工商银行裕华支行 2032809202183	密码区	>50+/4-62750831/049<1 99302352+00>*4248/+8< 372027+43*3/>732<7-02 4-5/89-3/55*+1-21>77-	加密版本：01 11300061520 01117046

货物或应税劳务名称	规格型号	单位	数量	单价	金额	税率	税额
汽车	奥迪 A6	辆	1	300 000	300 000	17%	51 000
合计					300 000		51 000

价税合计（大写）	⊗叁拾伍万壹仟元整	（小写）¥ 351 000

销货单位	名称：河北洪顺汽车贸易有限公司 纳税人识别号：130123456789101 地址、电话：0312-88765421 开户行及账号：保定市工商银行开发区支行 0402123412341234567	备注	河北洪顺汽车贸易有限公司 13012345678 9101 发票专用章

收款人：肖彤　　　复核：张军　　　开票人：郭辰　　　销货单位：（章）

第一联：抵扣联　购货方作扣税凭证

原始凭证 17-4：增值税专用发票

河北增值税专用发票

发票联

1300061520

校验码：28602960303873892476

开票日期：2014 年 01 月 12 日

No 01117046

购货单位	名　　称：石家庄太行机床有限公司 纳税人识别号：110101280636967 地址、　电话：0311-88823956 开户行及账号：工商银行裕华支行 2032809202183	密码区	>50+/4-62750831/049<1 99302352+00>*4248/+8< 372027+43*3/>732<7-02 4-5/89-3/55*+1-21>77-	加密版本：01 11300061520 01117046

货物或应税劳务名称	规格型号	单位	数量	单价	金额	税率	税额
汽车	奥迪 A6	辆	1	300 000	300 000	17%	51 000
合计					300 000		51 000

价税合计（大写）	⊗叁拾伍万壹仟元整	（小写）¥ 351 000

销货单位	名称：河北洪顺汽车贸易有限公司 纳税人识别号：130123456789101 地址、电话：0312-88765421 开户行及账号：保定市工商银行开发区支行 0402123412341234567	备注	河北洪顺汽车贸易有限公司 13012345678 9101 发票专用章

收款人：肖彤　　　复核：张军　　　开票人：郭辰　　　销货单位：（章）

第二联：发票联　购货方记账凭证

原始凭证 18-1：工商银行进账单

中国工商银行　进　账　单（收账通知）　3

2014 年 1 月 13 日

出票人	全　称	石家庄轴承设备厂	收款人	全　称	石家庄太行机床有限公司
	账　号	0402000000999		账　号	2032809202183
	开户银行	石家庄工商银行桥东支行		开户银行	工商银行裕华支行

| 金额 | 人民币（大写） | 贰拾捌万零捌佰元整 | 亿 | 千 | 百 | 十 | 万 | 千 | 百 | 十 | 元 | 角 | 分 |
| | | | | | ¥ | 2 | 8 | 0 | 8 | 0 | 0 | 0 | 0 |

| 票据种类 | 转账支票 | 票据张数 | 1 |
| 票据号码 | | | |

复核　张华　记账　李云云　　　　　　　开户银行签章

此联是开户行交给收款人的收账通知

（印章）工商银行裕华支行　2014年1月13日　转讫

原始凭证 18-2：增值税专用发票

河北增值税专用发票

记账联

1300061520

校验码：28602960303873892476

No 01117047

开票日期：2014 年 01 月 13 日

| 购货单位 | 名　　称：石家庄轴承设备厂 纳税人识别号：130102371302117 地址、电话：0311-88456123 开户行及账号：工商银行桥东支行 0402000000999 | 密码区 | ＞50+/4-62750831/049＜1 99302352+00＞*4248/+8＜ 372027+43*3/＞732＜7-02 4-5/89-3/55*+1-21＞77- | 加密版本：01 11300061520 01117047 |

货物或应税劳务名称	规格型号	单位	数量	单价	金额	税率	税额
车床	1A680	台	10	24 000	240 000	17%	40 800
合计					240 000		40 800

| 价税合计（大写） | ⊗贰拾捌万零捌佰元整 | （小写）¥：280 800 |

| 销货单位 | 名称：石家庄太行机床有限公司 纳税人识别号：110101280636967 地址、电话：0311-88823956 开户行及账号：工商银行裕华支行 2032809202183 | 备注 | （印章）石家庄太行机床有限公司 110101280636967 发票专用章 |

收款人：李永　　　复核：林雨　　　开票人：张娜　　　销货单位：（章）

第三联：记账联　销货方作销售的记账凭证

原始凭证 18-3：产成品出库单

石家庄太行机床有限公司产成品出库单

编号：20140102

购货单位：**石家庄轴承设备厂** 　　2014 年 1 月 13 日　　仓库：**产成品仓库**

类别	编号	名称及规格	计量单位	数量		单位成本	总成本
				请发	实发		
主要产品	02	车床 1A680	台	10	10		
合　计							

第二联　记账联

仓库主管：**李远**　　　　记账：**李蕾**　　　　发货人：**杨伟**　　　　经办人：**宋涛**

原始凭证 19-1：工商银行转账支票存根

中国工商银行
转账支票存根（冀）
$\dfrac{B}{0} \dfrac{K}{2}$　**023016765**

附加信息
_____
_____
_____

出票日期　**2014 年 1 月 14 日**

收款人：	**光大银行裕华路支行**
金　额：	**100 000.00**
用　途：	**购买国库券**

单位主管　　　　会计

原始凭证 19-2:存款凭证

中华人民共和国凭证式国债收款凭证

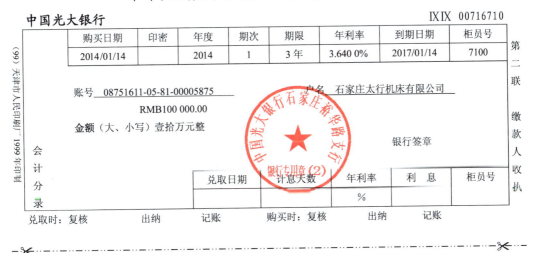

原始凭证 20-1:新华文化用品连锁店零售发票

原始凭证21-1：石家庄服务业定额发票

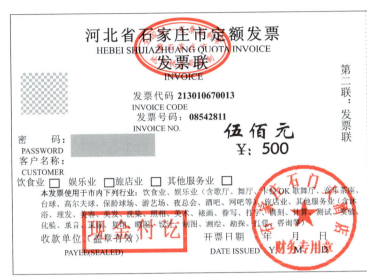

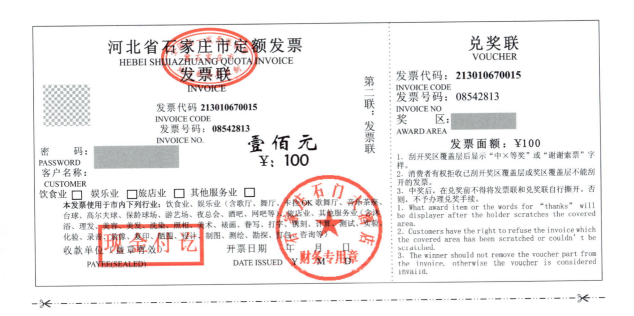

原始凭证 22-1：工商银行现金支票存根

中国工商银行
现金支票存根（冀）
B K
0 2　023026772

附加信息

出票日期　2014 年 1 月 18 日

收款人：	石家庄太行机床有限公司
金　额：	2 500.00
用　途：	备用金

单位主管　　　　　会计

原始凭证 23-1：河北省石家庄市报刊发行专用发票

中国人民邮政邮资报刊费收据

2014 年 1 月 18 日　　　　　　　　　　　　　　　　　No 75846

单位：石家庄太行机床有限公司

项　目	附件（订阅单）		金　　额								
	起 止 期	份　数	百	十	万	千	百	十	元	角	分
报刊费						8	0	0	0	0	0

现金付讫

合计（大写）捌佰元整　　　　　　　　　　¥800.00

注：收据数字如有涂改或未盖收款章无效　　　　　　经办人：赵敏

原始凭证 24-1：工商银行转账支票存根

中国工商银行

转账支票存根（冀）

$\frac{B}{0}\frac{K}{2}$　023016766

附加信息

出票日期　2014 年　1 月　18 日

收款人：	工商银行裕华支行
金　额：	100 000.00
用　途：	发放工资

单位主管　　　　　　会计

原始凭证 25-1：工资费用分配表

<h1 style="text-align:center">工 资 费 用 分 配 表</h1>

2014 年 1 月 19 日

应借科目		应付职工薪酬			合 计
总账科目	明细科目	生产工人	管理人员	小计	
生产成本	车床	50 000		50 000	50 000
	铣床	40 000		40 000	40 000
	小计	**90 000**		**90 000**	**90 000**
销售费用			4 000	4 000	4 000
管理费用			6 000	6 000	6 000
合计		**90 000**	**10 000**	**100 000**	**100 000**

主管：秦佳　　　　　　　　审核：刘林　　　　　　　　制表：干鸣

原始凭证 26-1：工行转账支票存根

中国工商银行
转账支票存根（冀）

$\dfrac{B}{0}\dfrac{K}{2}$　023016767

附加信息 _____

_____

_____

出票日期　2014 年 1 月 20 日

收款人：新华文化用品公司

金　额：1 420.00

用　途：购买办公用品

单位主管　　　　　　会计

原始凭证26-2：新华文化用品连锁店零售发票

河北省国家税务局通用手工发票（E）

识别码
T88NCL
6WNJWJ

发 票 联

2014 年 1 月 20 日

发票代码 11300121122
发票号码 02647334

付款单位：石家庄太行机床有限公司

项 目 内 容	金　额						备 注
	千	百	十	元	角	分	
排气扇 10 个 单价 43 元		4	3	0	0	0	
电话机 22 部 单价 45 元		9	9	0	0	0	
合 计 人 民 币（大写） 壹仟肆佰贰拾元整	1	4	2	0	0	0	

收款单位名称：

收款单位税号：

开票人 李阳

现金付讫

石家庄新华文化用品公司
13287898281 6777
发票专用章

第二联 发票联

原始凭证27-1：中国工商银行进账单

中国工商银行　　进 账 单 （收账通知）　　3

2014 年 1 月 21 日

出票人	全　称	石家庄钢铁公司	收款人	全　称	石家庄太行机床有限公司
	账　号	0402000000888		账　号	2032809202183
	开户银行	石家庄工商银行桥东支行		开户银行	工商银行裕华支行

金额	人民币（大写）	柒万陆仟玖佰捌拾陆元整	千	百	十	万	千	百	十	元	角	分
						¥	7	6	9	8	6	0	0

票据种类	转账支票	票据张数	1
票据号码			

复核 张华　记账 李云云

工商银行裕华支行
2014年1月21日
转讫

开户银行签章

此联是开户行给收款人的收账通知

原始凭证 27-2：增值税专用发票

河北增值税专用发票

记账联

1300061520

校验码：28602960303873892476

No 01117048

开票日期：2014 年 01 月 21 日

购货单位	名　　称：石家庄钢铁公司				密码区	＞50+/4-62750831/049＜1 99302352+00＞*4248/+8＜ 372027+43*3/＞732＜7-02 4-5/89-3/55*+1-21＞77-	加密版本：01 11300061520 01117048
	纳税人识别号：130102641302081						
	地址、电话：0311-88456321						
	开户行及账号：工商银行桥东支行 0402000000888						

货物或应税劳务名称	规格型号	单位	数量	单价	金额	税率	税额
生铁		吨	28	2 350	65 800	17%	11 186
合计					65 800		11 186

价税合计（大写）	⊗柒万陆仟玖佰捌拾陆元整	（小写）￥ 76 986

销货单位	名称：石家庄太行机床有限公司	备注
	纳税人识别号：110101280636967	
	地址、电话：0311-88823956	
	开户行及账号：工商银行裕华支行 2032809202183	

收款人：李永　　　　复核：林雨　　　　开票人：张娜　　　　销货单位：（章）

第三联：记账联　销货方作销售的记账凭证

原始凭证 27-3：材料出库单

石家庄太行机床有限公司材料出库单

领料单位：销售部门　　　　　　　　　　　　　　　　　　　编号：　201410

用　途：销售　　　　　　　　2014年 1月 21日　　　　发料仓库：原材料库

材料类别	材料编号	材料名称及规格	计量单位	数量 请领	数量 实领	单价	金额
主要材料		生铁	吨	28	28		
备注：					合　计		

记账：李蕾　　　　发料：杨红　　　　领料部门负责人：李娜　　　　领料：胡冰

第二联　记账联

原始凭证28-1：工商银行转账支票存根

中国工商银行
转账支票存根　（冀）

$\frac{B}{0}\frac{K}{2}$　023016768

附加信息 _____

_____

_____

出票日期 2014 年 1 月 22 日

收款人：	中国儿童少年基金会
金　额：	10 000.00
用　途：	捐款

单位主管　　　　　　会计

原始凭证28-2：捐赠收据

中央单位公益事业接受捐赠统一收据

2014 年 1 月 22 日　　　　　　　（08）No　0018948

支票号 No.　国财　2014043

财政部监制（2007）穆德公司印制

捐 赠 者　石家庄太行机床有限公司 _____

捐赠项目　春蕾计划 _____

捐赠金额（实物价值）大写 壹万元整 _____

	拾	万	仟	佰	拾	元	角	分
小写	¥	1	0	0	0	0	0	0

货币种类

收款单位（签章）　　　　　　　经手人 王林

第三联　捐赠者

原始凭证 29-1：工商银行转账支票存根

中国工商银行
转账支票存根 （冀）
$\frac{B}{0}\frac{K}{2}$ 023016769

附加信息 _____

_____

_____

_____

出票日期 2014 年 1 月 23 日

收款人：	市电视台
金　额：	8 480.00
用　途：	支付广告费

单位主管　　　　　　会计

原始凭证 29-2：增值税专用发票

河北增值税专用发票

抵扣联

1300061520

校验码：28602960303873892476

No 3491001

开票日期：2014 年 01 月 23 日

购货单位	名　　称：石家庄太行机床有限公司 纳税人识别号：110101280636967 地址、　电话：0311-88823956 开户行及账号：工商银行裕华支行 2032809202183	密码区	>50+/4-62750831/049<1 99302352+00>*4248/+8< 372027+43*3/>732<7-02 4-5/89-3/55*+1-21>11-	加密版本：01 1300061520 3491006

货物或应税劳务名称				金额	税率	税额
广告费				8 000.00	6%	480.00
合计				8 000.00	6%	480.00

价税合计（大写）	⊗捌仟肆佰捌拾元整	（小写）￥ 8 480.00

销货单位	名称：石家庄市电视台 纳税人识别号：132878982816888 地址、电话：0311-86869521 开户行及账号：石家庄市工行桥东支行 65-2233-116	备注

收款人：张丽　　　　复核：杨云　　　　开票人：魏明　　　　销货单位：（章）

第二联：抵扣联 购货方作扣税凭证

原始凭证 29-3:增值税专用发票

河北增值税专用发票

发票联

No 3491001

1300061520

开票日期:2014 年 01 月 23 日

校验码:28602960303873892476

购货单位	名　　称：	石家庄太行机床有限公司		密码区	>50+/4-62750831/049<1 99302352+00)*4248/+8< 372027+43*3/>732<7-02 4-5/89-3/55*+1-21>11-	加密版本： 01 1300061520 3491006
纳税人识别号：	110101280636967
地址、　电话：	0311-88823956
开户行及账号：	工商银行裕华支行 2032809202183

货物或应税劳务名称				金额	税率	税额
广告费				8 000.00	6%	480.00
合计				8 000.00	6%	480.00

价税合计（大写）	⊗捌仟肆佰捌拾元整	（小写）￥ 8 480.00

销货单位	名称：	石家庄市电视台		备注	
纳税人识别号：	132878982816888
地址、电话：	0311-86869521
开户行及账号：	石家庄市工行桥东支行 65-2233-116

收款人： 张丽　　　　复核： 杨云　　　　开票人： 魏明　　　　销货单位：（章）

原始凭证 30-1:增值税专用发票

河北增值税专用发票

记账联

No 01117049

1300061520

开票日期:2014 年 01 月 24 日

校验码:28602960303873892476

购货单位	名　　称：	石家庄轴承设备厂		密码区	>50+/4-62750831/049<1 99302352+00)*4248/+8< 372027+43*3/>732<7-02 4-5/89-3/55*+1-21>77-	加密版本： 01 11300061520 01117049
纳税人识别号：	130102371302117
地址、　电话：	0311-88456123
开户行及账号：	工商银行桥东支行 0402000000999

货物或应税劳务名称	规格型号	单位	数量	单价	金额	税率	税额
铣床	W160	台	5	20 000	100 000	17%	17 000
合计					100 000		17 000

价税合计（大写）	⊗壹拾壹万柒仟元整	（小写）￥ 117 000

销货单位	名称：	石家庄太行机床有限公司		备注	
纳税人识别号：	110101280636967
地址、电话：	0311-88823956
开户行及账号：	工商银行裕华支行 2032809202183

收款人： 李永　　　　复核： 林雨　　　　开票人： 张娜　　　　销货单位:（章）

原始凭证30-2：产成品出库单

石家庄太行机床有限公司产成品出库单

编号：20140102

购货单位：石家庄轴承设备厂　　　　2014 年1月24日　　　　仓库：产成品仓库

类别	编号	名称及规格	计量单位	数　量		单位成本	总成本
				请发	实发		
主要产品	02	铣床W160	台	5	5		
合　计							

仓库主管：李远　　　记账：李蕾　　　　　发货人：杨伟　　　　经办人：宋涛

第二联　记账联

原始凭证31-1：工商银行信汇凭证

中国工商银行　　信汇凭证　（收账通知）

4

委托日期2014 年 1 月 25 日

汇款人	全　　称	重庆瑞祥金属制品有限公司	收款人	全　　称	石家庄太行机床有限公司										
	账　　号	3100111666111		账　　号	2032809202183										
	汇出地点	省 重庆 市/县		汇入地点	河北 省 石家庄 市/县										
	汇出行名称	重庆市工商银行范西支行		汇入行名称	石家庄市工商银行裕华支行										
金额	人民币（大写）	壹拾万元整			亿	千	百	十	万	千	百	十	元	角	分
								¥	1	0	0	0	0	0	0	0

款项已收入收款人账户

工商银行裕华支行
2014年1月25日
转讫

支付密码

附加信息及用途：预收货款

汇出行签章　　　　复核：李霞云　记账：江朝辉

此联给收款人的收账通知

原始凭证 32-1：工商银行转账支票存根

中国工商银行

转账支票存根 （冀）

$\dfrac{B\ K}{0\ 2}$　023016770

附加信息 _____

_____

_____

_____

出票日期　2014 年　1 月　25 日

收款人：石家庄金龙修理公司
金　额：1 200.00
用　途：修理费

单位主管　　　　　　会计

- - - ✂ - ✂ - - -

原始凭证 32-2：修理费发票

识别码

T88NCL

6WNJWJ

河北省地方税务局通用手工发票（E）

发 票 联

2014 年 1 月 25 日

发票代码 12300126413

发票号码 11647201

付款单位：石家庄太行机床有限公司

项 目 内 容	金　额						备　注
	千	百	十	元	角	分	
日常修理费	1	2	0	0	0	0	
合 计 人 民 币 （大写）　壹仟贰佰元整	1	2	0	0	0	0	

第二联　发票联

1328789828168822

收款单位名称：　　　　　　　　　开票人　王丽

收款单位税号：

- - - ✂ - ✂ - - -

原始凭证 33-1：工商银行转账支票存根

中国工商银行
转账支票存根（冀）
$\frac{B}{0}\frac{K}{2}$　023016771

附加信息 ＿＿＿＿＿＿＿＿

＿＿＿＿＿＿＿＿

＿＿＿＿＿＿＿＿

出票日期　2014 年 1 月 26 日

收款人：华伟通讯科技有限公司

金　额：4 095.00

用　途：购传真机

单位主管　　　　　会计

原始凭证 33-2：增值税专用发票

河北增值税专用发票

抵扣联

1300061520

校验码：28602960303873892476

No 01117046

开票日期:2014 年 01 月 26 日

购货单位	名称：石家庄太行机床有限公司 纳税人识别号：110101280636967 地址、电话：0311-88823956 开户行及账号：工商银行裕华支行 2032809202183	密码区	＞50+/4-62750831/049<1 99302352+00>*4248/+8< 372027+43*3/>732<7-02 4-5/89-3/55*+1-21>77-	加密版本：01 11300061520 01117046

货物或应税劳务名称	规格型号	单位	数量	单价	金额	税率	税额
传真机	ML-808	台	1	3 500	3 500	17%	595
合计					3 500		595

价税合计（大写）	⊗肆仟零玖拾伍元整	（小写）￥ 4 095

销货单位	名称：石家庄华伟通讯科技有限公司 纳税人识别号：130123456789101 地址、电话：0311-88765421 开户行及账号：石家庄市工行开发区支行 0402123412341234567	备注	石家庄华伟通讯科技有限公司 13087898 2816888 发票专用章

收款人：肖影　　复核：张军　　开票人：郭辰　　销货单位：（章）

第一联：抵扣联　购货方作扣税凭证

原始凭证 33-3:增值税专用发票

河北增值税专用发票

发票联

1300061520　　　　　　　　　　　　　　　　　　　　　　　No 01117046

校验码:28602960303873892476　　　　　　　　　　开票期日:2014 年 01 月 26 日

购货单位	名　　　称:	石家庄太行机床有限公司				密码区	>50+/4-62750831/049<1 99302352+00>*4248/+8< 372027+43*3/>732<7-02 4-5/89-3/55*+1-21>77-	加密版本: 01 11300061520 01117046	
	纳税人识别号:	110101280636967							
	地址、　电话:	0311-88823956							
	开户行及账号:	工商银行裕华支行 2032809202183							

货物或应税劳务名称	规格型号	单位	数量	单价	金额	税率	税额
传真机	ML-808	台	1	3 500	3 500	17%	595
合计					3 500		595

价税合计（大写）	⊗肆仟零玖拾伍元整	（小写）￥ 4 095

销货单位	名称:	石家庄华伟通讯科技有限公司	备注	13087898281688
	纳税人识别号:	130123456789101		
	地址、电话:	0311-88765421		
	开户行及账号:	石家庄市工行开发区支行 0402123412341234567		

收款人: 肖影　　　复核: 张军　　　开票人: 郭辰　　　销货单位:（章）

原始凭证 33-4::固定资产验收单

固定资产验收单

2014 年 1 月 26 日　　　　　　　　　　　　　　　　　No. 087

固定资产名称	型号	计量单位	数量	供货单位			
传真机	ML-808	台	1	石家庄华伟通讯科技有限公司			

总价	设备费	安装费	运杂费	包装费	其他	合计	预计年限	净残值率
	3 500					3 500	5	4%

验收意见	合格	验收人签章	王全	保管使用人签章	李萌

原始凭证 34-1：工商银行转账支票存根

中国工商银行
转账支票存根（冀）
$\frac{B K}{0 2}$　023016772

附加信息

出票日期　*2014* 年 *1* 月 *26* 日

收款人：	网通中山路营业厅
金　额：	1 050.00
用　途：	电话费

单位主管　　　　　会计

原始凭证 34-2：电信局电话费发票

中国网通集团河北省通信公司专用发票（二联）
发 票 联

受理流水号：88050224000056　　打印日期：2014-01-26 16：39：45
电话号码：　　　　　　　　客户名称：石家庄太行机床有限公司　　冀地税字　NO 3115605
结算月份：1月份

收费项目	金额	优惠	收费项目	金额	优惠
市话费	458.00				
长途话费	592.00				
实交合计（人民币大写）		壹仟零伍拾元整			
备注：1.无收费专用章和经办人章无效；2.如有查询事项以此为据；3.请留意背面客户须知。					
说明					

收款单位（章）：

经办人：ww09
（电脑打印，手写无效）

第二联

发票联

原始凭证35-1:发出材料汇总表

石家庄太行机床有限公司发料凭证汇总表

2014 年 1 月 26 日　　　　　　　　　　　　　单位：元

材料名称 ＼ 领用部门	生产车间	生产车间	厂部	合计
	车床	铣床	一般消耗	日常消耗	
生铁					
圆钢					
轴承					
合　计					

主管：秦佳　　　　　　审核：刘林　　　　　　制表：王安

附件1：

石家庄太行机床有限公司材料出库单

领料单位：生产车间　　　　　　　　　　　　　　　　编　号：201411

用　途：生产铣床　　　　　2014 年 1 月 1 日　　　　发料仓库：原材料库

材料类别	材料编号	材料名称及规格	计量单位	数量 请领	数量 实领	单价	金额
主要材料		生铁	吨	100	100	2 001.25	200 125
		圆钢	吨	50	50	3 200.00	160 000
		轴承	套	500	500	130.00	65 000
备注：						合　计	425 125

记账：李蕾　　　发料：杨红　　　领料部门负责人：李娜　　　领料：胡冰

第二联　记账联

附件2:

石家庄太行机床有限公司材料出库单

领料单位: 生产车间　　　　　　　　　　　　　　　　　　　编号:　201412
用　途: 生产车床　　　　　　2014 年 1 月 16 日　　　　　　发料仓库: 原材料库

材料类别	材料编号	材料名称及规格	计量单位	数量		单价	金额
				请领	实领		
主要材料		生铁	吨	100	100	2 001.25	200 125
		圆钢	吨	50	50	3 200.00	160 000
		轴承	套	500	500	130.00	65 000
备注:						合　计	425 125

记账: 李蓓　　　　发料: 杨红　　　　领料部门负责人: 李娜　　　　领料: 胡冰

第二联　记账联

原始凭证 36-1:增值税专用发票

河北增值税专用发票

记账联

1300061520　　　　　　　　　　　　　　　　　　　　No 01117050
校验码:28602960303873892476　　　　　　　　　开票日期:2014 年 01 月 27 日

购货单位	名　　　称: 重庆瑞祥金属制品有限公司 纳税人识别号: 140108888888808 地址、　电话: 0311-88456123 开户行及账号: 重庆工商银行范西支行 3100111666111	密码区	>50+/4-62750831/049<1 99302352+00>*4248/+8< 372027+43*3/>732<7-02 4-5/89-3/55*+1-21>77-	加密版本: 01 11300061520 01117050

货物或应税劳务名称	规格型号	单位	数量	单价	金额	税率	税额
车床	1A680	台	10	24 000	240 000	17%	40 800
合计					240 000		40 800

价税合计（大写）　⊗贰拾捌万零捌佰元整　　　　　　　　（小写）¥: 280 800

销货单位	名称: 石家庄太行机床有限公司 纳税人识别号: 110101280636967 地址、电话: 0311-88823956 开户行及账号: 工商银行裕华支行 2032809202183	备注	石家庄太行机床有限公司 110101280636967 发票专用章

收款人: 李永　　　复核: 林雨　　　开票人: 张娜　　　销货单位:（章）

第三联: 记账联　销货方作销售的记账凭证

原始凭证36-2：信汇凭证

4

中国工商银行 **信汇凭证** （收账通知）

委托日期2014 年 1 月 27 日

汇款人	全 称	重庆瑞祥金属制品有限公司	收款人	全 称	石家庄太行机床有限公司
	账 号	3100111666111		账 号	2032809202183
	汇出地点	省 重庆 市/县		汇入地点	河北省 石家庄 市/县

汇出行名称	重庆工商银行范西支行	汇入行名称	工商银行裕华支行

| 金额 | 人民币（大写） | 壹拾捌万零捌佰元整 | 亿 千 百 十 万 千 百 十 元 角 分 ￥1 8 0 8 0 0 0 0 0 |

款项已收入收款人账户

支付密码

附加信息及用途：

汇出行签章 复核：康宁 记账：冉宏飞

（工商银行裕华支行 2014年1月27日 转讫）

此联给收款人的收账通知

原始凭证36-3：产成品出库单

石家庄太行机床有限公司产成品出库单

编号：20140102

购货单位：重庆瑞祥金属制品有限公司　　2014 年 1 月 27 日　　仓库：产成品仓库

类别	编号	名称及规格	计量单位	数量 请发	数量 实发	单位成本	总成本
主要产品	02	车床1A680	台	10	10		
合　计							

仓库主管：李远　　记账：李蕾　　发货人：杨伟　　经办人：宋涛

第二联 记账联

原始凭证 37-1：中国工商银行进账单

中国工商银行 进 账 单 （收账通知） **3**

2014 年 1 月 28 日

出票人	全 称	石家庄轴承设备厂	收款人	全 称	石家庄太行机床有限公司
	账 号	0402000000999		账 号	2032809202183
	开户银行	石家庄工商银行桥东支行		开户银行	工商银行裕华支行

金额	人民币（大写）	壹拾壹万柒仟元整	亿 千 百 十 万 千 百 十 元 角 分
			￥ 1 1 7 0 0 0 0 0

票据种类	转账支票	票据张数	1
票据号码			

复核 张华 记账 李云云　　　　　　开户银行签章

（盖章：工商银行裕华支行 2014年1月28日 转讫）

此联是开户行给收款人的收账通知

原始凭证 38-1：利息计提计算表

利 息 计 提 计 算 表

2014 年 1 月 31 日

借款种类	借款日期	借款本金/元	期限	利率	本期计提/元
短期借款	2008 年 1 月 2 日	3 000 000	6 个月	6%	15 000
合 计					15 000

主管：秦佳　　　　　　审核：刘林　　　　　　制单：王瑞

原始凭证 39-1：固定资产折旧计算表

固 定 资 产 折 旧 计 算 表

2014 年 1 月 31 日　　　　　　　　　　　单位：元

固定资产类别	固定资产项目	单位	数量	单价	原值	月折旧率/%	本月应计提的折旧额
生产用固定资产	厂房	栋	1	840 000	840 000	0.33	2 800
	铣床生产设备	台	1	150 000	150 000	0.33	500
	车床生产设备	台	1	360 000	360 000	0.33	1 200
	小计			1 350 000	1 350 000		4 500
非生产用固定资产	办公用房屋	栋	1	600 000	600 000	0.33	2 000
	办公用电脑	台	10	4 500	45 000	1.67	750
	小计			604500	645 000		2 750
合　计				1 954 500	1 995 000		7 250

主管：秦佳　　　　　　　审核：刘林　　　　　　　　　制表：王瑞

原始凭证 40-1：制造费用分配表

制 造 费 用 分 配 表

车间：生产车间　　　　　　　2014 年 1 月 31 日　　　　　　　单位：元

分配对象	分配标准（生产工人工资）	分配率/%	分配金额
车床	50 000	9.69	4 845
铣床	40 000	9.69	3 875
合　　计	90 000	9.69	8 720

主管：秦佳　　　　　　　审核：刘林　　　　　　　制表：王瑞

原始凭证 41-1：车床入库单

石家庄太行机床有限公司　产成品入库单

仓库名称：产成品仓库　　　　　2014 年 1 月 31 日　　　　　No：20140101

产品名称	规格	计量单位	数量		单位成本	总成本	送验单位
			送验	实收			
车床	1A680	台	10	10	20 000	200 000	生产车间
合　计			10	10	**20 000**	**200 000**	

仓库主管：李远　　　　记账：李蕾　　　验收：杨伟　　　送验人：胡冰

------✂--✂------

原始凭证 41-2：铣床入库单

石家庄太行机床有限公司　产成品入库单

仓库名称：产成品仓库　　　　　2014 年 1 月 31 日　　　　　No：20140102

产品名称	规格	计量单位	数量		单位成本	总成本	送验单位
			送验	实收			
铣床	W160	台	5	5	16 000	80 000	生产车间
合　计			5	5	**16 000**	**80 000**	

仓库主管：李远　　　　记账：李蕾　　　验收：杨伟　　　送验人：胡冰

------✂--✂------

原始凭证41-3：车床成本计算单

产 品 成 本 计 算 单

产品名称：车床　　　　　　2014年1月31日　　　　　　单位：元

成本项目	直接材料	直接人工	制造费用	合计
月初在产品成本	50 000	1 000	1 000	52 000
本月发生生产成本	425 125	50 000	6 045	481 170
待分配费用	475 125	51 000	7 045	533 170
转出完工产品成本	172 416	24 000	3 584	200 000
月末在产品成本	302 709	27 000	3 461	333 170

财务主管：秦佳　　　　　　复核：刘林　　　　　　制单：王瑞

原始凭证41-4：铣床成本计算单

产 品 成 本 计 算 单

产品名称：铣床　　　　　　2014年1月31日　　　　　　单位：元

成本项目	直接材料	直接人工	制造费用	合计
月初在产品成本	52 000	1 000	1 000	54 000
本月发生生产成本	425 125	40 000	4 375	469 500
待分配费用	477 125	41 000	5 375	523 500
转出完工产品成本	71 868	7 200	932	80 000
月末在产品成本	405 257	33 800	4 443	443 500

财务主管：秦佳　　　　　　复核：刘林　　　　　　制单：王瑞

原始凭证 42-1：发出商品成本汇总表

石家庄太行机床有限公司发出商品成本汇总表

2014 年 1 月 31 日 　　　　　　　　　　单位：元

类别	编号	名称及规格	计量单位	发出产品数量	单位成本	总成本
主要产品	01	车床 1A680	台	20	20 000	400 000
主要产品	02	铣床 W160	台	15	15 000	225 000
合　计					35 000	625 000

财务主管：秦佳 　　　　　　复核：刘林 　　　　　　记账：李蕾

原始凭证 44-1：原材料盘点表

盘 点 表

单位名称：石家庄太行机床有限公司 　　盘点时间：2014 年 1 月 31 日
财产类别：原材料 　　　　　　　　　　存放地点：原材料库

名称	规格型号	计量单位	数量	单价	金额/元	备注
圆钢		吨	30	3 200	96 000	
生铁		吨	72	2 002	144 180	
生铁		吨	0.25	2 000	500	估计价格
焦炭		吨	30	400	12 000	
焦炭		吨	100	402	40 250	
煤		吨	20	150	3 000	
煤		吨	100	152	15 250	
轴承		套	1 300	130	169 000	
电机		台	190	2 000	380 000	
合　计					860 180	

盘点人：林风 　　　　　　　　　　保管员：杨红

原始凭证44-2：产成品盘点表

盘 点 表

单位名称：石家庄太行机床有限公司　　　盘点时间：2014 年 1 月 31 日

财产类别：产成品　　　　　　　　存放地点：原材料库　　　金额单位：元

名 称	规格型号	计量单位	数 量	单 价	金 额	备 注
车床		台	20	20 000	400 000	
铣床		台	15	15 000	225 000	
铣床		台	5	16 000	80 000	
合 计					705 000	

盘点人：林凤　　　　　　　　　　　　　　　　　保管员：杨伟

原始凭证44-3：账存实存对比表

账 存 实 存 对 比 表

单位名称：石家庄太行机床有限公司　　　2014 年 1 月 31 日　　　金额单位：元

类别	名称	单位	账存数量	实存数量	盘 盈		盘 亏		盘盈盘亏原因
					数量	金额	数量	金额	
原材料	圆钢	吨	30	30					
原材料	生铁	吨	72	72.25	0.25	500			不明
原材料	焦炭	吨	130	130					
原材料	煤	吨	120	120					
原材料	轴承	套	1 300	1 300					处理意见
原材料	电机	台	190	190					同意将盘盈材料按估计价格冲减当期管理费用。
产成品	车床	台	20	20					李明
产成品	铣床	台	20	20					2014.1.31
合　　　计					0.25	500			

财务：李蕾　　　　　保管人：杨红　　　　　盘点人：林凤

原始凭证46-1：工商银行进账单

中国工商银行　　进　账　单（收账通知）　　3

20　年1月31日

<table>
<tr><td rowspan="3">出票人</td><td>全　　称</td><td>君创证券公司石家庄建华营业部</td><td rowspan="3">收款人</td><td>全　　称</td><td colspan="3">石家庄太行机床有限公司</td><td rowspan="11">此联是开户行给收款人的收账通知</td></tr>
<tr><td>账　　号</td><td>0402001110111</td><td>账　　号</td><td colspan="3">2032809202183</td></tr>
<tr><td>开户银行</td><td>石家庄工商银行桥东支行</td><td>开户银行</td><td colspan="3">工商银行裕华支行</td></tr>
<tr><td>金额</td><td>人民币
（大写）</td><td colspan="2">肆拾伍万捌仟玖佰柒拾陆元整</td><td>亿千百十万千百十元角分</td><td colspan="2">￥4 5 8 9 7 6 0 0</td></tr>
<tr><td colspan="2">票据种类</td><td>转账支票</td><td>票据张数</td><td>1</td><td colspan="2" rowspan="4"></td></tr>
<tr><td colspan="2">票据号码</td><td colspan="3"></td></tr>
<tr><td colspan="5" rowspan="2">复核　张华　记账　李云云</td></tr>
<tr></tr>
</table>

开户银行签章

（印章）工商银行裕华支行　2014年1月31日　转讫

原始凭证46-2：成交过户交割凭单

证券交割单

（印章）证券登记结算公司

资金账号：5037987
证券代码：002012
客户代码：4777954
股东账户：364551158
佣　　金：1 357.20
印 花 税：460.80
过 户 费：1.00
上次库存：1 000
上次余额：0
成交日期：2014-01-31
备　　注：

【证券卖出】
客户姓名：太行机床
证券名称：天马股份
成交价格：46.08
成交数量：10 000
成交金额：460 800.00
其他费用：5.00
缴付金额：458 976.00
证券余额：0
资金余额：458 976.00
成交时间：10:40:32

打印日期：2014-01-31

（印章）君创证券公司石家庄建华营业部 业务专用章

原始凭证 47-1：应交增值税计算表

石家庄太行机床有限公司**应交增值税计算表**

2014 年 1 月 31 日

收入项目	所属税种	适用税率	应税金额	应交销项税额	可抵扣进项税额	实际应交增值税额
产品、材料销售收入	增值税	17%	845 800	143 786	121 015	22 771
合 计						22 771

财务主管：秦佳　　　　　复核：刘林　　　　　制单：王瑞

原始凭证 47-2：城建税、教育费附加税额计算表

石家庄太行机床有限公司**计提城建税、附加税额计算表**

2014 年 1 月 31 日

项目名称	增值税额	税率	实缴金额	
城市维护建设税	22 771	7%	1 593.97	第二联
教育费附加	22 771	4%	910.84	记账联
合 计			2 504.81	

财务主管：秦佳　　　　　复核：刘林　　　　　制单：王瑞

原始凭证 51-1：所得税计算表

石家庄太行机床有限公司**所得税计算表**

2014 年 1 月 31 日　　　　　　　　　　　　　单位：元

利润总额	纳税调整	计税金额	税率	应交所得税额
148 005.19	无	148 005.19	25%	37 001.30

财务主管：秦佳　　　　　审核：刘林　　　　　制表：王瑞

二、记账凭证的审核

(一)实验指导

记账凭证应从以下几方面进行审核:

(1)审核记账凭证是否与所附原始凭证相一致,即记账凭证是否附有合法的原始凭证;所附的凭证张数与记账凭证上的所列原始凭证张数是否相符;所附原始凭证的经济业务内容与记账凭证所记录的内容是否一致;记账凭证所记金额是否等于原始凭证的金额。

(2)审核记账凭证的有关项目是否齐全,有关人员签章是否齐全。

(3)审核记账凭证上填写的会计科目、明细分类科目及应借应贷的对应关系是否正确,内容是否符合会计准则的规定。

(二)实验要求

对给定的资料进行审核,指出存在的问题,并予以更正。

(三)参考格式

(1)实验用品:本实验需要收款凭证、付款凭证、转账凭证。

(2)参考格式:本实验所需要用品的格式与记账凭证填制的格式相同。

(四)实验资料

(1)从银行提取现金备用。

收　款　凭　证

借方科目___库存现金___　　　2014 年 1 月 16 日　　　现收 字 第 16 号

摘　　要	贷方总账科目	明 细 科 目	√	贷方金额
				千百十万千百十元角分
提现备用	银行存款	工商银行		5 0 0 0 0 0
合　　计:　仟　佰　拾 ⊗ 万 伍 仟 零 佰 零 拾 零 元 零 角 零 分				¥5 0 0 0 0 0

财务主管　秦佳　　　记账　李涛　　　出纳　李卫华　　　审核　刘林　　　制单　张志强

中国工商银行

现金支票存根（冀）

$\frac{B}{0}\frac{K}{2}$　023016796

附加信息＿＿＿＿＿＿＿＿

＿＿＿＿＿＿＿＿＿＿＿＿

＿＿＿＿＿＿＿＿＿＿＿＿

＿＿＿＿＿＿＿＿＿＿＿＿

出票日期　*2014 年 1 月 16 日*

收款人：*石家庄太行机床有限公司*

金　额：*5000.00*

用　途：*备用金*

单位主管　　　　　　　　会计

- -

（2）15 日，购入打印机 1 台。

付　款　凭　证

贷方
科目＿＿＿银行存款＿＿＿　　　　2014 年 1 月 15 日　　　　　银付字 第 9 号

摘　　要	借方总账科目	明细科目	√	借方金额								
				千	百	十	万	千	百	十	元	角	分
购打印机1台	固定资产	打印机						2	9	2	5	0	0
合　计：　佰　拾⊗万 贰 仟 玖 佰 贰 拾 伍 元 零 角 零 分								￥2	9	2	5	0	0

财务主管　*秦佳*　　记账　*李涛*　　出纳　*李卫华*　　审核　*刘林*　　制单　*张志强*

- -

河北增值税专用发票

抵扣联

1300061520　　　　　　　　　　　　　　　　　No 01117046

校验码：28602960303873892476　　　　　　　开票日期:2014 年 01 月 15 日

购货单位	名　　称：石家庄太行机床有限公司			密码区	＞50+/4-62750831/049<1 99302352+00>*4248/+8< 372027+43*3/>732<7-02 4-5/89-3/55*+1-21>77-	加密版本：01 11300061520 01117046
	纳税人识别号：110101280636967					
	地址、　电话：0311-88823956					
	开户行及账号：工商银行裕华支行 2032809202183					

货物或应税劳务名称	规格型号	单位	数量	单价	金额	税率	税额
打印机	MC-903	台	1	2 500	2 500	17%	425
合计					2 500		425

价税合计（大写）　⊗贰仟玖佰贰拾伍元整	（小写）￥ 2 925

销货单位	名称：石家庄华伟通讯科技有限公司	备注
	纳税人识别号：130123456789101	
	地址、电话：0311-88765421	
	开户行及账号：石家庄市工行开发区支行 0402123412341234567	

收款人：肖彤　　　　复核：张军　　　开票人：郭辰　　　　　销货单位:（章）

第一联：抵扣联　购货方作扣税凭证

河北增值税专用发票

发票联

1300061520　　　　　　　　　　　　　　　　　No 01117046

校验码：28602960303873892476　　　　　　　开票日期:2014 年 01 月 15 日

购货单位	名　　称：石家庄太行机床有限公司			密码区	＞50+/4-62750831/049<1 99302352+00>*4248/+8< 11300061520 372027+43*3/>732<7-02 4-5/89-3/55*+1-21>77-	加密版本：01 01117046
	纳税人识别号：110101280636967					
	地址、　电话：0311-88823956					
	开户行及账号：工商银行裕华支行 2032809202183					

货物或应税劳务名称	规格型号	单位	数量	单价	金额	税率	税额
打印机	MC-903	台	1	2 500	2 500	17%	425
合计					2 500		425

价税合计（大写）　⊗贰仟玖佰贰拾伍元整	（小写）￥ 2 925

销货单位	名称：石家庄华伟通讯科技有限公司	备注
	纳税人识别号：130123456789101	
	地址、电话：0311-88765421	
	开户行及账号：石家庄市工行开发区支行 0402123412341234567	

收款人：肖彤　　　　复核：张军　　　开票人：郭辰　　　　　销货单位:（章）

第二联：发票联　购货方记账凭证

固 定 资 产 验 收 单

2014 年 1 月 16 日　　　　　　　　　　　　　　　　　　No. 088

固定资产名称	型号	计量单位	数量	供货单位		
打印机	Mc-903	台	1	石家庄华伟通讯科技有限公司		
总价	设备费	安装费	运杂费	包装费	其他	合计	预计年限	净残值率
	2 925					￥2 925	5	4%
验收意见	合格	验收人签章	王全	保管使用人签章		李萌

中国工商银行
转账支票存根 （冀）

$\dfrac{\text{B}}{0}\dfrac{\text{K}}{2}$　023026773

附加信息 ＿＿＿＿＿＿＿＿＿

＿＿＿＿＿＿＿＿＿＿＿＿＿＿＿＿＿＿

＿＿＿＿＿＿＿＿＿＿＿＿＿＿＿＿＿＿

出票日期　2014 年 1 月 15 日

收款人： 华伟通讯科技有限公司

金　额： 2 925.00

用　途： 购打印机

单位主管　　　　　　　会计

（3）1 月 13 日，收到重庆长城电机厂发运来的前已预付货款的材料电机 10 台（型号 Y123M），并验收入库。随材料附来的发票注明该批材料的价款 20 000 元，增值税进项税额 3 400 元，原预付款 17 000 元。

转 账 凭 证

2014 年 1 月 13 日　　　　　　　　　　　　　　转字第 36 号

摘　　要	总账科目	明细科目	√	借方金额 百 十 万 千 百 十 元 角 分	√	贷方金额 百 十 万 千 百 十 元 角 分	
购重庆长城电机	原材料	Y123M 电机		2 0 0 0 0 0			附
	应交税费	应交增值税——进项税额		3 4 0 0 0 0			单
	预付账款	重庆长城电机厂				1 7 0 0 0 0 0	据
	应付账款	重庆长城电机厂				6 4 0 0 0 0	
							张
合　计：　仟　佰 ⊗ 拾贰万叁仟肆佰零拾零元零角零分				￥2 3 4 0 0 0 0		￥2 3 4 0 0 0 0	

财务主管　秦佳　　　记账　李涛　　　出纳　　　　　审核　刘林　　　制单　张志强

重庆增值税专用发票

发票联

1300061520　　　　　　　　　　　　　　　　　　　No: 01117045
校验码：28602960303873892476　　　　　　　开票日期:2014 年 01 月 12 日

购货单位	名　　称：石家庄太行机床有限公司 纳税人识别号：110101280636967 地址、 电话：0311-88823956 开户行及账号：工商银行裕华支行 2032809202183	密码区	＞50+/4-62750831/049＜1 99302352+00＞*4248/+8＜ 372027+43*3/＞732＜7-02 4-5/89-3/55*+1-21＞77-	加密版本：01 11300061520 01117045

货物或应税劳务名称	规格型号	单位	数量	单价	金额	税率	税额
电机	Y123M	台	10	2 000	20 000	17%	3 400
合计					20 000		3 400

价税合计（大写）	⊗贰万叁仟肆佰元整	（小写）￥: 23 400

销货单位	名称：重庆市长城电机厂 纳税人识别号：140102611102057 地址、电话：023-63513369 开户行及账号：重庆市工商银行永安支行 3100111111222	备注	

收款人：齐辉　　　　复核：张洁　　　　开票人：岳红　　　　销货单位：（章）

第二联：发票联　购货方记账凭证

石家庄太行机床有限公司材料入库单

仓库名称：原材料仓库　　　　　　　　2014 年 1 月 13 日　　　　　　　　No：20080100

材料名称	材质	规格	单位	数量		单价	金额	运杂费	金额合计	发货单位
				送验	实收					
电机 Y123M			台	10	10	2 000	20 000		20 000	重庆市长成电机厂
										合同号
										201401013
合　计									20 000	

财务主管：秦佳　　　　供应科长：王刚　　　　仓库验收：杨红　　　　采购员：陈方

（4）1 月 16 日销售部报销餐费 500 元。

付　款　凭　证

贷方科目　其他应付款　　　　　　　　2014 年 1 月 16 日　　　　　　　　付字 第 8 号

摘　　要	借方总账科目	明细科目	√	借方金额									
				千	百	十	万	千	百	十	元	角	分
付酒店餐费	其他应收款								5	0	0	0	0
合　　计：　仟　佰　拾　万 ⊗ 仟 伍 佰 零 拾 零 元 零 角 零 分								Y	5	0	0	0	0

财务主管　秦佳　　　记账　李涛　　　出纳　　　审核　刘林　　　制单　张志强

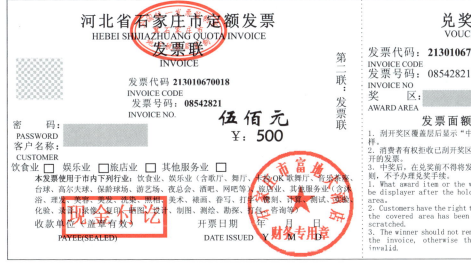

登记账簿

第五章

第一节　账簿的分类和一般登记方法

一、会计账簿的概念

会计账簿是按照会计科目开设,由一定格式账页组成,以会计凭证为依据,全面、系统、连续地记录各项经济业务的簿籍。会计账簿将会计凭证收集的会计信息进行进一步的加工整理形成汇总信息,这是会计信息的加工和整理过程。登记账簿是会计实务的中心环节,为最终形成有用的会计信息提供了直接依据。

二、账簿的分类

由于记录的经济业务不同,会计账簿的格式也不相同,按照不同的标准可以分为不同的种类。

(一)按用途不同,分为日记账、分类账和备查账

1.日记账

日记账,也称序时账,是指按照经济业务发生的前后顺序逐日逐笔登记的账簿。该种账簿按照所记录的经济业务范围的不同,又分为普通日记账是和特种日记账。普通日记账是用于序时记录所有经济业务,而特种日记账则用来序时记录某种经济业务,如现金日记账、银行存款日记账等都是特种日记账。

2.分类账

分类账,是按照账户分类记录各项经济业务的账簿。按照分类详细程度的不同,可分为总分类账簿和明细分类账簿。总分类账簿,简称总账,是根据一级会计科目设立的总分类账户,按照总括分类记录全部经济业务。明细分类账簿,简称明细账,是按照二级或明细会计科目设立的分类账户。总分类账与明细分类账的关系十分密切,总账是所属明细账的概括,对明细账起着控制的作用;明细账是总账的详细记录,对总账起着补充的作用。

3.备查账

备查账,是用于记录序时账簿和分类账簿不能记录,但又需要记录的经济业务的

内容。如租入、租出固定资产登记簿等。

(二)按外在形式不同,分为订本式账簿、活页式账簿和卡片式账簿

1.订本式账簿

订本式账簿是指使用前按照顺序编号,将特定数量的账页装订成册的账簿。此类账簿不能随意抽换账页。此种账簿适用于总分类账和特种日记账。

2.活页式账簿

活页式账簿是指由若干单页组成,在一定会计期间登记结束后再进行装订的账簿。该类账簿的账页可以随用随添,但由于账页容易抽换,不利于财产物资的保管。该类账簿适用于一般明细分类账。

3.卡片式账簿

卡片式账簿,是由若干记录会计事项的卡片组成并将其组合形成的账簿。卡片随用随添,记录内容灵活,但账页卡片不利于保管,实务中必须由专人保管。固定资产一般采用这种格式。

(三)按账页格式不同,分为三栏式账簿、多栏式账簿和数量金额式账簿

1.三栏式账簿

三栏式账簿,账页设借方、贷方和余额三个栏目,适用于只进行金额核算的账户。总分类账、日记账和部分明细账一般采用三栏明细账簿的格式。

2.多栏式账簿

多栏式账簿,账页一般设"借、贷、余"三栏,但在"借""贷"下又可按明细科目或项目设置若干栏,在同一账页上集中反映各有关明细科目或明细项目的明细核算资料。又可细分为借方多栏、贷方多栏和借方贷方多栏三种格式。借方多栏账适用于成本、费用类账户的明细分类账;贷方多栏账适用于收益类账户的明细分类账。

3.数量金额式账簿

数量金额式账簿,账页中也设置"借、贷、余"或"收、支、余"三栏,在每栏下又分别设置"数量、单价和金额"。适用于既需要金额核算又需要数量核算的账户,有利于核对财产物资账面记录与实际数量是否相符,有利于加强财产物资的保管。

三、账簿启用和登记的一般规则

(一)账簿启用的规则

会计账簿一般应按年进行更换(固定资产明细账可不进行更换)。账簿使用时,首先按照税法规定粘贴印花税票。启用新账或更换账簿时,应当在账簿内扉页"账簿启用和经管人员一览表"中写明单位名称、启用时间、共计页数(活页和卡片账应在装订成册后标明页数)、记账人员姓名,加盖单位公章,并由记账人员签名盖章。中途更换记账人员时,应在扉页注明更换日期和接办人员姓名,并由接办人员签名盖章。

(二)登记账簿的一般原则

(1)新的一年开始,要在本会计年度新建有关会计账簿的第一行摘要栏注明"上

年结转"字样,在余额栏内填写上年结转的余额。

(2)会计人员应当根据审核无误的会计凭证登记会计账簿。

(3)登记会计账簿时,应当将会计凭证日期、编号、业务内容摘要、金额和其他有关资料逐项记入账内,做到数字准确、摘要清楚、登记及时、字迹工整。

(4)登记完毕后,要在记账凭证上签名或者盖章,并注明已经登账的符号,表示已经记账。

(5)账簿中书写的文字和数字上面要留有适当空格,不要写满格,一般应占格距的1/2。

(6)登记账簿要用蓝黑墨水或者碳素墨水书写,不得使用圆珠笔或者铅笔书写。

(7)下列情况,可以用红色墨水记账:

①按照红字冲账的记账凭证,冲减错误记录;

②在不设借贷等栏的多栏式账页中,登记减少数;

③在三栏式账户的余额栏前,如未印明余额方向的,在余额栏内登记负数余额;

④根据相关的规定可以用红字登记的其他会计记录。

(8)各种账簿按页次顺序连续登记,不得跳行、隔页。如果发生跳行、隔页,应当将空行、空页划线注销,或者注明"此行空白""此页空白"字样,并由记账人员签名或者盖章。

(9)凡需要结出余额的账户,给出余额后,应当在"借或贷"等栏内写明"借"或者"贷"等字样。没有余额的账户,应当在"借或贷"等栏内写"平"字,并在余额栏内用"0"表示。现金日记账和银行存款日记账必须逐日结出余额。

(10)每一账页登记完毕结转下页时,应当结出本页合计数及余额,将本页合计数及余额写在下页第一行有关栏内,并在摘要栏内注明"承前页"字样。

第二节 日记账的设置与登记

一、实验指导

(一)现金日记账的设置和登记

现金日记账必须采用订本式账簿,账页一般为借、贷、余三栏式。为清晰反映现金收付业务的对应关系,在借方栏之前设"对应科目"栏,以便了解现金的来龙去脉。

现金日记账由出纳人员经管,根据现金收付款凭证或通用记账凭证按时间顺序逐日逐笔进行登记。每日终了,应分别计算当日现金收入和支出合计以及账面余额,并将现金日记账余额与库存现金实存数进行核对,以检查现金收付是否准确无误。

(二)银行存款日记账的设置和登记

银行存款日记账的设置与现金日记账基本相同,通常采用借、贷、余三栏订本账。为监督银行结算凭证的使用,在"摘要"之前增设"结算凭证种类及号数"一栏。

银行存款日记账一般也由出纳人员经管,按时间顺序逐日逐笔进行登记。每日终了,分别计算当日银行存款收入和付出合计以及账面余额,以便随时掌握资金的使用情况,并定期与银行对账单进行核对。

二、实验要求

启用现金日记账、银行存款日记账。根据第一章期初余额、第四章的记账凭证,结转上年余额,序时、逐笔登记日记账,并结余额。

三、账簿格式

(1)"账簿启用和经管人员一览表"格式。

(2)现金日记账账页格式。

(3)银行存款日记账账页格式。

账 簿 启 用 及 经 管 人 员 一 览 表

单位名称					印　鉴			
账簿名称								
账簿编号								
账簿页数	本账簿共计　　　　　页							
启用日期	年　　月　　日							
经管人员	财务主管		复核		记账			
	姓　名	盖　章	姓　名	盖　章	姓　　名		盖　章	
接交记录	经管人员		接　管			交　出		
	职　务	姓　　名	年	月	日	盖章	年 月 日 盖章	
备注								

现 金 日 记 账

第 页

年		记账凭证编号	摘 要	对应科目	借 方									贷 方									余 额								
月	日				百	十	万	千	百	十	元	角	分	百	十	万	千	百	十	元	角	分	百	十	万	千	百	十	元	角	分

银 行 存 款 日 记 账

户名＿＿＿＿＿＿＿　账号＿＿＿＿＿＿＿　　　　　　　　　　　　第　　页

年		记账凭证号数	结算凭证种类及号数	摘 要	对方科目	页数	借 方									贷 方									借或贷	余 额								
月	日						百	十	万	千	百	十	元	角	分	百	十	万	千	百	十	元	角	分		百	十	万	千	百	十	元	角	分

第三节　明细账的设置与登记

一、实验指导

明细分类账通常按照明细会计科目设立账户,用来分类登记某一类经济业务,提供明细核算资料。明细分类账一般采用活页式账簿,有的也采用卡片式账簿。一般根据记账凭证、原始凭证或原始凭证汇总表登记,有三栏式、数量金额式、多栏式等多种格式。

通常,原材料、库存商品、周转材料(包装物、低值易耗品)等存货类账户所属明细账采用数量金额式账页;生产成本、制造费用、主营业务收入、其他业务收入、营业外收入、主营业务成本、其他业务成本、销售费用、管理费用、财务费用、营业外支出等成本和损益类账户所属明细账采用多栏式账页;固定资产、应交增值税明细账采用专用账页;其他账户所属明细账一般采用三栏式账页。

二、实验要求

按照第一章所列期初余额选用合适的账页格式,结转各明细账上年余额,根据第四章已编制的记账凭证及所附原始凭证,登记各明细账,结出各明细账余额。

三、账簿格式

(1)三栏式明细分类账格式。

(2)多栏式明细分类账格式。

(3)数量金额式明细分类账格式。

(4)固定资产明细账格式。

(5)应交增值税明细账格式。

年		记账凭	摘 要	借 方										贷 方										借或贷	余 额									
月	日	证号数		亿	千	百	十	万	千	百	十	元	角	分	亿	千	百	十	万	千	百	十	元	角	分		亿	千	百	十	万	千	百	十	元	角	分

本账页数

本户页数

总第＿＿＿页
分第＿＿＿页

科目代码及名称＿＿＿＿＿＿

年		凭证号数	摘要	1									2									3									4									5								
月	日			百	十	万	千	百	十	元	角	分	百	十	万	千	百	十	元	角	分	百	十	万	千	百	十	元	角	分	百	十	万	千	百	十	元	角	分	百	十	万	千	百	十	元	角	分

续表

	6								7								8								9								10								11								12							
	十	万	千	百	十	元	角	分	十	万	千	百	十	元	角	分	十	万	千	百	十	元	角	分	十	万	千	百	十	元	角	分	十	万	千	百	十	元	角	分	十	万	千	百	十	元	角	分	十	万	千	百	十	元	角	分

本账页数	
本户页数	

类　别＿＿＿＿
材料名称＿＿＿＿
规　格＿＿＿＿
计量单位＿＿＿＿
材料名称＿＿＿＿

年		凭证号	摘 要	单价	数量	收　方 金　额									数量	付　方 金　额									数量	余　额 金　额								
月	日					千	百	十	万	千	百	十	元	角	分		千	百	十	万	千	百	十	元	角	分		千	百	十	万	千	百	十	元	角	分

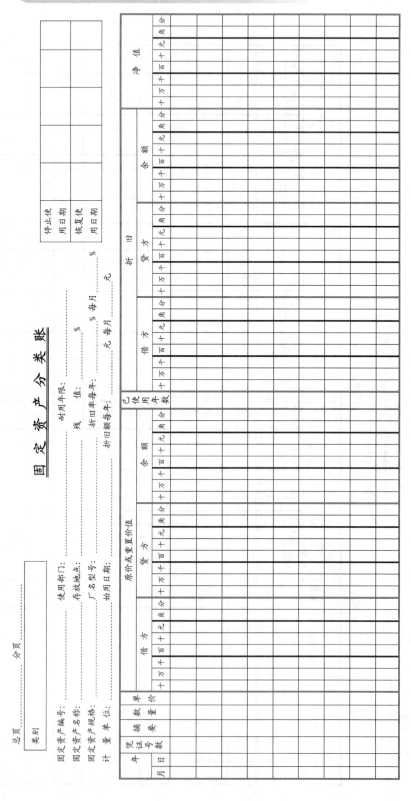

固定资产分类账

总页 .... 分页 ....

类别 [   ]

固定资产编号：............ 使用部门：............ 耐用年限：............

固定资产名称：............ 存放地点：............ 残　值：............%

固定资产规格：............ 厂名型号：............ 折旧率每年：............% 每月............%

计量单位：............ 始用日期：............ 折旧额每年：............元 每月............元

停止使用日期：............ 恢复使用日期：............

应交税费（增值税）明细账

年		凭证		摘要	借		贷方	方
月	日	种类	编号		合计	进项税额	已交税金	
					亿千百十万千百十元角分	亿千百十万千百十元角分	亿千百十万千百十元角分	亿千百十万千百十元角分

续表

合计											贷 销项税额											方 进项税额转出											借或贷	余额										
亿	千	百	十	万	千	百	十	元	角	分	亿	千	百	十	万	千	百	十	元	角	分	亿	千	百	十	万	千	百	十	元	角	分		亿	千	百	十	万	千	百	十	元	角	分

第四节 科目汇总表编制与总账登记

账务处理程序也称会计核算组织程序或会计核算形式,是指在会计核算过程中会计凭证、会计账簿、会计报表相结合的方式,包括会计凭证和账簿的种类、格式,会计凭证与账簿之间的联系方法,由原始凭证到编制记账凭证、登记明细分类账和总分类账、编制会计报表的工作程序和方法等。

各个单位会计工作一般都遵循"凭证—账簿—报表"这一基本模式,但在具体环节,尤其是登记总分类账的直接依据上有所不同,为提高会计核算工作效率,各会计主体可根据本单位的具体情况,选择不同的账务处理程序。

在我国,常用账务处理程序包括记账凭证账务处理程序、科目汇总表账务处理程序和汇总记账凭证账务处理程序。记账凭证账务处理程序是直接根据记账凭证逐笔登记总分类账,程序较为简单,在此不进行详述。本节主要介绍科目汇总表账务处理程序,下一节将介绍汇总记账凭证账务处理程序的应用。

一、实验指导

科目汇总表账务处理程序又称记账凭证汇总表账务处理程序,先定期根据记账凭证编制科目汇总表,然后再根据科目汇总表登记总分类账。

科目汇总表是一种表格,填制方法是:每隔一定时期将本单位本期会计核算所使用的会计科目排成一列,将此期间记账凭证各个科目的借方发生额加总填入科目汇总表该科目的借方,将各个科目的贷方发生额加总填入科目汇总表该科目的贷方,最后进行纵向加总并试算平衡。平衡以后,即可作为登记总账的依据。

科目汇总表账务处理和基本程序:

(1)根据原始凭证或原始凭证汇总表编制记账凭证;

(2)根据记账凭证登记现金日记账、银行存款日记账;

(3)根据记账凭证、原始凭证或原始凭证汇总表逐笔登记各明细分类账;

(4)根据记账凭证,定期编制科目汇总表;

(5)根据科目汇总表登记总分类账;

(6)月末,总分类账簿各科目余额与现金日记账、银行存款日记账以及各明细分类账的余额进行核对;

(7)月末,根据总分类账、各种明细分类账的有关资料编制会计报表。

根据科目汇总表登记总账,可以简化总分类账的记账工作;通过编制科目汇总表,还可以进行本期发生额的试算平衡,及时发现凭证和记账错误。科目汇总表账务处理程序的缺点是在汇总时不反映账户之间的对应关系,不利于查对账目、分析经济业务的来龙去脉。

科目汇总表账务处理程序适应用于生产经营规模较大,经济业务较多的单位。

二、实验要求

按照第一章所列期初余额结转总账各科目上年余额,将第四章所填制的凭证进行定期科目汇总(分为1—15日、16—30日、31日3期),填制科目汇总表。根据科目汇总表登记总账,结出各科目余额并进行试算平衡。

三、科目汇总表及总账账页格式

(1)科目汇总表格式。

(2)总账账页格式。

科 目 汇 总 表

年 月 日至 月 日 　　　　　　　　　汇字第 号

借方金额										记账 √	会 计 科 目	贷方金额										记账 √
千	百	十	万	千	百	十	元	角	分			千	百	十	万	千	百	十	元	角	分	
										合 计												

附记账凭证 张

总 分 类 账

科目＿＿＿＿＿＿＿＿＿

年		记账凭证号数	摘　　要	借　方									贷　方									借或贷	余　额								
月	日			百	十	万	千	百	十	元	角	分	百	十	万	千	百	十	元	角	分		百	十	万	千	百	十	元	角	分

*第五节　汇总记账凭证账务处理程序及总账登记

一、实验指导

汇总记账凭证账务处理程序,是定期根据记账凭证分类汇总记账凭证,然后再根据汇总记账凭证登记总分类账。

采用汇总记账凭证核算形式,除设置记账凭证(收款、付款、转账凭证)之外,还应设置汇总记账凭证(包括汇总收款凭证、汇总付款凭证和汇总转账凭证),作为登记总账的直接依据。

汇总收款凭证,按"现金"和"银行存款"科目的借方分别设置,按有关对应的贷方科目归类汇总编制,用来汇总一定时期内现金和银行存款的收款业务。

汇总付款凭证,按"现金"和"银行存款"科目的贷方分别设置,按有关对应的借方科目归类汇总编制,用来汇总一定时期内现金和银行存款的付款业务。

汇总转账凭证,按照除"现金""银行存款"以外的每一贷方科目分别设置,按相应的借方科目进行归类汇总,用来汇总一定时期内的全部转账业务。

在编制转账凭证和付款凭证时,只能编制一借一贷或一贷多借的凭证,而不能编制一借多贷的凭证;编制收款凭证时,则只能编制一借一贷或一借多贷的凭证,不能编制一贷多借的凭证。

基本步骤说明:

(1)根据经审核的原始凭证或汇总原始凭证,编制收款凭证、付款凭证和转账凭证;

(2)根据收款凭证和付款凭证,登记现金日记账、银行存款日记账;

(3)根据各种记账凭证与所附原始凭证、汇总原始凭证,登记有关明细账;

(4)根据一定时期内的全部记账凭证,分类汇总编制汇总记账凭证;

(5)根据定期编制的汇总记账凭证,登记总分类账;

(6)月末,将现金日记账、银行存款日记账以及各种明细账的余额,分别与总账中相应账户的余额进行核对;

(7)月末,根据经核对无误的总账和有关的明细账记录,编制会计报表。

汇总记账凭证账务处理程序按照账户对应关系汇总编制记账凭证,有利于了解账户间的对应关系。但按照每一贷方科目编制汇总记账凭证,加大了编制汇总转账凭证的工作量,并且转账凭证按贷方科目而不是经济业务进行分类、汇总,不利于日常会计核算的合理分工。

二、实验要求

根据第四章所填制记账凭证编制汇总收款凭证、汇总付款凭证、汇总转账凭证,并登记总账,结出余额,试算平衡(本节与上节科目汇总表编制是间接根据记账凭证登记总账的不同方法,不可以重复,从中选取一种方法即可)。

三、汇总记账凭证格式

汇总收款凭证

借方科目：　　　　　　　　　　　　　年　月　　　　　　　　　　　　第　号

贷方科目	金　额				总账页数	
	一　日凭证号至　号	一　日凭证号至　号	一　日凭证号至　号	全月合计	借方	贷方
合　计						

汇总付款凭证

贷方科目：　　　　　　　　　　　　　年　月　　　　　　　　　　　　第　号

借方科目	金　额				总账页数	
	一　日凭证号至　号	一　日凭证号至　号	一　日凭证号至　号	全月合计	借方	贷方
合　计						

汇总转账凭证

贷方科目：　　　　　　　　　　　　　　　年　月　　　　　　　　　　　第　号

借方科目	金额				总账页数	
	— 日凭证　号至　号	— 日凭证　号至　号	— 日凭证　号至　号	全月合计	借方	贷方
合　计						

第六节　错账更正

一、实验指导

会计账簿发生错误时,应当按照规定的更正方法进行更正。更正方法一般有划线更正法、补充登记法和红字更正法。

1.划线更正法

如果发现会计账簿记录文字或数字错误,而记账凭证没有错误,可采用划线更正法。方法是:先在错误的数字或文字上划一条红线以示注销,然后在错误数字或文字上方空白处填写正确的数字或文字,并由更正人员在更正处的旁边盖章以示负责。对于文字更正,可以不盖章。对于文字错误,可以只划去错误部分并进行更正;对于数字错误必须全部划掉,不能只划掉错误数字。

2.红字更正法

如果记账后发现账簿记录错误是由于记账凭证所列会计科目有误,或者科目无误,只是所记金额大于应记金额引起的,可采用红字更正法。方法是:若原记账凭证中会计科目有误,先用红字编制一张与原错误记账凭证完全相同的记账凭证,在摘要栏内注明"冲销×月×日×号凭证",并据此用红字登记入账,以冲销原有的错误记录;同时用蓝字填制一张正确的记账凭证,并据此入账。若原记账凭证中科目无误,只是所记金额大于应记金额,用红字编制一张借贷科目与原记账凭证相同,金额为所记金额与应记金额之差的记账凭证,并据以登记有关账簿,将该账户中多记金额冲销。

3.补充登记法

如果记账后发现账簿记录错误是由于记账凭证金额小于应记金额引起的,但记账凭证中所列科目及对应关系正确,可采用补充登记法进行更正。方法是:用蓝字编制一张借贷科目与原来凭证相同,金额为应记金额与所记金额的差额的记账凭证,并据以登记有关账簿,从而将少记金额补充登记到该账户中。

二、实验要求

根据实验资料,选用正确的方法进行错账更正(假定本节所列错账与前面实验无关)。

三、实验资料

(1)3 日,发现 1 日错账:销售部张力借差旅费(现金)2 000 元,所填现付字第 1 号凭证中,把应借科目"其他应收款"误为"管理费用",并已记入有关日记账和明细账。

付 款 凭 证

贷方科目　<u>库 存 现 金</u>　　　　　2014 年 1 月 1 日　　　　　现付字 第 1 号

摘　　要	借方总账科目	明细科目	√	借方金额
				千 百 十 万 千 百 十 元 角 分
销售部张力借差旅费	管理费用	差旅费		2 0 0 0 0 0
合　计:仟　佰　拾 ⊗ 万 贰 仟 零 佰 零 拾 零 元 零 角 零 分				¥ 2 0 0 0 0 0

财务主管　秦佳　　记账　李涛　　　出纳　李卫华　　　审核　刘林　　制单　张志强

附单据　张

(2)4 日,根据现付字第 3 号凭证登记现金日记账时,把贷方金额 100 元,误记为贷方金额 1 000 元。

现金日记账

第 1 页

2014年 月	日	记账凭证号数	摘要	对方科目	页数	借方 百十万千百十元角分	贷方 百十万千百十元角分	借或贷	余额 百十万千百十元角分
1	1		上年结转					借	3 0 0 0 0 0
1	1	现付1	张力借差旅费	管理费用			2 0 0 0 0 0	借	1 0 0 0 0 0
1	2	现付2	付王纱欠款	其他应付款			4 0 0 0 0	借	6 0 0 0 0
1	3	银付2	提现	银行存款		1 5 0 0 0 0		借	2 1 0 0 0 0
1	4	现付3	办公室购办公用品	管理费用			1 0 0 0 0	借	1 1 0 0 0 0

（3）6日，根据现收第 2 号凭证登记现金日记账时，把借方金额 104 元误记入贷方，当日余额也随之结错。

现金日记账

第 1 页

2014年 月	日	记账凭证号数	摘要	对方科目	页数	借方 百十万千百十元角分	贷方 百十万千百十元角分	借或贷	余额 百十万千百十元角分
1	1		上年结转					借	3 0 0 0 0 0
1	1	现付1	张力借差旅费	管理费用			2 0 0 0 0 0	借	1 0 0 0 0 0
1	2	现付2	付王纱欠款	其他应付款			4 0 0 0 0	借	6 0 0 0 0
1	3	银付2	提现	银行存款		1 5 0 0 0 0		借	2 1 0 0 0 0
1	4	现付3	办公室购办公用品	管理费用			1 0 0 0 0	借	2 0 0 0 0 0
1	6	现收1	张力还现金	其他应收款			1 0 4 0 0	借	1 8 9 6 0 0

(4)15 日,发现 9 日错账,根据用银行存款偿还 1 月 9 日所购鸿利型钢有限公司的货款 263 250 元所填银付字第 4 号凭证中,金额误为 262 350 元,并已登记有关日记账和明细账。

付 款 凭 证

贷方科目 ___银行存款___ 2014 年 1 月 9 日 银付字 第 4 号

摘 要	借方总账科目	明细科目	√	借方金额
				千 百 十 万 千 百 十 元 角 分
付重庆鸿利型钢货款	应付账款	重庆鸿利型钢有限公司		2 6 2 3 5 0 0 0
合 计: 仟 ⊗ 佰 贰 拾 陆 万 贰 仟 叁 佰 伍 拾 零 元 零 角 零 分				¥ 2 6 2 3 5 0 0 0

附单据 1 张

财务主管 秦佳　　记账 李涛　　出纳 李卫华　　审核 刘林　　制单 张志强

(5)15 日,发现 11 日收到重庆兰花轴承厂经销处汇来的上月所欠款 40 000 元所制凭证中误为石家庄轴承设备厂,并已根据凭证登记日记账与明细账。

收 款 凭 证

借方科目 ___银行存款___ 2014 年 1 月 11 日 银收字 第 2 号

摘 要	贷方总账科目	明细科目	√	贷方金额
				千 百 十 万 千 百 十 元 角 分
收到石家庄轴承设备厂欠款	应收账款	石家庄轴承设备厂		4 0 0 0 0 0 0
合 计: 仟 佰 ⊗ 拾 肆 万 零 仟 零 佰 零 拾 零 元 零 角 零 分				¥ 4 0 0 0 0 0 0

财务主管 秦佳　　记账 李涛　　出纳 李卫华　　审核 刘林　　制单 张志强

第七节　对账与结账

一、实验指导

（一）对账

对账是指为了保证账簿记录的完整和正确,为编制会计报表提供真实可靠的数据资料,在记账之后、结账之前所进行的有关账项的核对工作。

对账工作主要包括以下内容:

1.账证核对

账簿是根据经过审核之后的会计凭证登记的,但实际工作中仍可能发生账证不符的情况,记账后,要将账簿记录与会计凭证进行核对,做到账证相符。账证核对是账账相符、账实相符、账表相符的前提条件。

期末,如果发现账证不符,有必要重新进行账证核对,这时账证核对是通过试算平衡发现记账错误之后再按一定的线索进行的。

2.账账核对

会计账簿是一个有机整体,既有分工,又有衔接。最终目的是全面、系统地反映单位的经济活动和财务收支情况,各账簿之间的这种衔接就是会计上常说的勾稽关系。利用勾稽关系,通过各种账簿的相互核对可以发现账簿是否有误,一旦发现错误,应立即更正,做到账账相符。

账账核对包括以下内容:

（1）核对总分类账的记录。按照"资产＝负债＋所有者权益"的会计等式、"有借必有贷、借贷必相等"的记账规律,总分类账各账户的期初余额、本期发生额和期末余额之间存在平衡关系。账户的期末借方余额和贷方余额也存在平衡关系,通过这种平衡关系,可以检查总账记录是否正确、完整,通常可以采用"试算平衡表"来进行核对。

（2）总分类账与所属明细分类账核对。总分类账各科目的期末余额应与其所属各明细分类账的期末余额之和核对相符。

（3）总分类账与日记账核对。检查现金总账和银行存款总账的期末余额,与现金日记账和银行存款日记账的期末余额是否相符。

（4）明细分类账之间的核对。会计部门有关实物资产的明细账与财产物资保管部门或使用部门的明细账定期核对,以检查余额是否相符,核对方法一般是由财产物资保管部门或使用部门定期编制收发结存汇总表报会计部门核对。

3.账实核对

账实核对是指各项财产物资账面金额与实有数额之间的核对,账实核对的详细内容在后面"财产清查"一章中进行介绍。

（二）结账

结账是把一定时期（月份、年度）内所发生的经济业务登记入账后，按照规定的方法对该期内的账簿记录进行小结，结出本期发生额合计和余额。

结账的标志是画线。结账工作通常按月进行，年度终了，还要进行年终结账。

结账程序如下：

（1）将本期发生的经济业务全部登记入账，并保证其正确性。

（2）根据权责发生制的要求调整有关账项，合理确定本期应计的收入和费用。本期内所有的转账业务，均应编制记账凭证记入有关账簿，如费用的摊销和预提、制造费用的分配、完工产品成本的结转等。

（3）将损益类科目转入"本年利润"科目，结平所有损益类科目。

（4）结算出资产、负债和所有者权益科目的本期发生额和余额，并结转下期。

结账方法如下：

对不需要按月结计本期发生额的账户，如各种应收应付明细账和各项财产物资明细账等，每次记账后应随时结出余额，每月最后一笔余额即为月末余额。也就是说，月末余额应是本月最后一笔经济业务记录的同一行内余额。月末结账时，只需在最后一笔经济业务记录之下通栏画单红线，不需要再次结计余额。

现金日记账、银行存款日记账和需要按月结计发生额的收入、费用等明细账，每月结账时，要在最后一笔经济业务记录下面通栏画单红线，结出本月发生额和余额，若月末无余额，在"借或贷"栏内与"平"字，并在余额栏内用"0"表示。在摘要栏内注明"本月合计"字样，在下面通栏画单红线。

需要结计本年累计发生额的明细账户，每月结账时，应在"本月合计"行下结出自年初起至本月末止的累计发生额，登记在月份发生额下面，在摘要栏内注明"本年累计"字样，并在下面再通栏画单红线。12月末的"本年累计"就是全年累计发生额，全年累计发生额下面通栏画双红线。

总账账户月末需结计当月发生额和月末余额。年终结账时，要将所有总账账户结出全年发生额和年末余额，在摘要栏内注明"本年合计"字样，并在合计数下通栏划双红线。

年度终了，有余额的账户要将其余额结转下年，并在摘要栏注明"结转下年"字样。在下一会计年度新建有关会计账簿的第一行余额栏内填写上年结转的余额，并在摘要栏注明"上年结转"字样。

二、实验要求

本月所有记账凭证记账完毕后，总分类账余额与各日记账、明细分类账进行账账核对，全部核对无误之后，进行月末结账。

财产清查

第六章

一、实验指导

财产清查是通过对财产物资、现金的实地盘点和对银行存款、债权债务的核对，来确定财产物资、货币资金和债权债务的实存数，并查明账面结存数与实存数是否相符的一种专门方法。

会计核算的任务之一，是反映和监督财产物资的保管和使用情况，保护企业财产物资的安全完整，提高各项财产物资的使用效果。各经济单位通过账簿记录来反映和监督各项财产物资的增减变化及结存情况，为了保证账簿记录正确，必须要对会计凭证进行日常审核，利用勾稽关系进行账证核对、账账核对。但账簿记录正确并不能说明企业财产安全完整，由于众多主客观因素的影响，使各项财产的账面金额可能与实有数有差异，造成账实不符。因此有必要对资产进行清查，保证财务信息记录真实，企业财产物资安全完整。

企业需要进行清查的对象包括现金、银行存款等各项货币资金，固定资产、原材料、库存商品等各项财产物资，以及各种应收、应付款项。

企业应当按照管理制度规定或计划安排的时间对财产物资、债权债务进行清查，也可以根据实际需要对财产物资进行临时清查。定期清查一般在年度、季度、月份以及每日结账时进行。下面分别介绍各项资产的清查方法。

（一）库存现金的清查

通过实地盘点确定库存现金的实存数，然后与现金日记账的账面余额进行核对，确定账面结存与实盘数是否相符。通过现金清查，不仅要检查账实是否相符，还要检查账证是否客观、真实，符合相关规定。库存现金清查程序如下：

（1）盘点前，出纳先将现金收付凭证全部入账，结出日记账余额。

（2）盘点时，出纳必须在场。除查明账实是否相符外，还要查明有无白条抵账、坐支现金以及库存现金超过库存限额的现象，如发现现金盘盈、盘亏，须同出纳人员核对清楚。

（3）盘点结束时，应根据盘点结果，填制"现金盘点报告表"，并由盘点人员、出纳人员及有关负责人签章。"现金盘点报告表"既是盘存单，出纳人员据以调整账面记录，又是账存实存对比表，是分析账实差异原因、明确经济责任的依据。

（二）银行存款的清查

银行存款的清查主要是通过核对账目的方法进行，即将本单位银行存款日记账与银行对账单进行核对，以确定账实是否相符。银行存款清查程序如下：

（1）同银行核对账目之前，应检查本单位银行存款日记账的正确性和完整性。

（2）将银行存款日记账收付款项与银行对账单逐笔核对。

（3）依据核对结果，更正错误，根据未达账项填制"银行存款余额调节表"。

（三）存货的清查

存货的清查是指对库存商品、原材料、低值易耗品、包装物等的清查。由于存货品种数量多、储备状态复杂、计量单位不统一，因此不同存货采用的清查方法也不一样，主要有实地盘点法和技术推算法两种。

存货清查的一般程序：

（1）存货盘点时，存货保管人员必须在场，由清查人员协同保管人员在现场进行盘点，确定实有数量，同时检查其质量情况。盘点时，盘点人员做好盘点记录。

（2）盘点结束，盘点人员根据存货盘点记录，编制"盘点表"，并由盘点人员、存货保管人员及有关责任人员签名盖章。

（3）根据有关账簿及"盘点表"填制"实存账存对比表"，据以检查账实是否相符，确定存货盘盈或盘亏的数额。根据对比结果调整账簿记录，分析原因，经过审批之后进行相应会计处理。

（四）固定资产的清查

固定资产是企业开展经营活动的物质基础，在企业的资产总额中占有很大比重，每年应至少进行一次清查。

固定资产的清查程序如下：

（1）在清查开始以前，要做好盘点的准备工作。会计部门的"固定资产明细账"中各种固定资产要与实物保管部门的"固定资产卡片"进行核对。

（2）通过实地盘点，逐一核对固定资产卡片，查清固定资产的实存情况。清查时，除了盘点数量外，还要检查其使用情况和完好状况。

（3）根据盘点结果，填制"固定资产盘盈盘亏报告表"。盘亏或毁损的固定资产要列明该项资产的原值、已提折旧等；盘盈的固定资产，要进行估价，确定其重置价值、估计折旧等。

（五）往来款项的清查

往来款项的清查包括应收账款、其他应收款、应付账款、其他应付款等，一般采用询证函的方式进行核对。

其核对方法是：在保证本单位往来账户记录完整准确的前提下，编制一式两联的"往来款项对账单"，发往各有关单位；对方单位如核对相符，在对账单上盖章退回本单位；如不符，应在对账单上注明情况或另附说明退回，以便进一步核对。

二、实验要求

根据实验资料所给各项货币资金、财产物资的实存情况与账面结存进行对比，进行账实核对。区别情况分别填制现金盘点报告表、银行存款余额调节表、存货盘点表、存货实存账存对比表、固定资产盘盈盘亏报告表等。

三、各种盘点表格式

1.现金盘点报告表

现金盘点报告表

单位：元

实有金额	账存金额	对比结果		备　注
		盘　盈	盘　亏	

负责人：　　　　　　　　盘点人：　　　　　　　　出纳员：

2.银行存款余额调节表

银行存款余额调节表

年　　月　　　　　单位：元

项　　目	金　额	项　　目	金　额
企业银行存款日记账余额		银行对账单余额	
加：银行已收、企业未收款		加：企业已收、银行未收款	
减：银行已付、企业未付款		减：企业已付、银行未付款	
调节后的余额		调节后的余额	

3.存货盘点表

盘 点 表

单位名称：　　　　　　　　　盘点时间：
财产类别：　　　　　　　　　存放地点：　　　　　　　　金额单位：元

名　称	规格型号	计量单位	数　量	单　价	金　额	备　注

盘点人：　　　　　　　　　　　　　保管员：

4.存货实存账存对比表

实 存 账 存 对 比 表

单位名称：　　　　　　　　　　年　月　日　　　　　　　金额单位：元

类　别	名　称	单位	单　价	账面数量	盘　盈		盘　亏		原因
					数量	金额	数量	金额	
合　计									

财务：　　　　　　　　　保管人：　　　　　　　　　盘点人：

5.固定资产盘盈盘亏报告表

固定资产盘盈盘亏报告表

单位：　　　　　　　　　　　　　　　　年　月　日　　　　　　　　　　金额单位：元

资产编号	固定资产名称	规格型号	单位	盘　盈			盘　亏			毁　损			原　因
				数量	重估价	折旧	数量	原价	折旧	数量	原价	折旧	

盘点人：　　　　　　　　保管部门负责人：　　　　　　　保管人：

6.往来款项对账单

往来款项对账单

　　　　　　　　单位：

你单位截至　　年　月　日尚有　　　　　元货款未付我单位，请核对后将回单寄回。

清查单位：（盖章）

年　月　日

- -

往来款项对账单（回单联）

　　　　　　　　单位：

你单位寄来的"往来款项对账单"已收到，经核对相符无误。

单位（盖章）

·年　月　日

四、实验资料

(一)现金盘点情况

2014 年 1 月 31 日,石家庄太行机床有限公司清点现金,实盘金额为 3 004 元。

(二)银行存款清查情况

石家庄太行机床有限公司 2013 年 12 月月底余额调节表及工行 1 月份银行对账单如下:

银行存款余额调节表

2013 年 12 月　　　　　　　　　　　　　　　　　　　单位:元

项　目	金　额	项　目	金　额
企业银行存款日记账余额	628 000	银行对账单余额	580 300
加:银行已收、企业未收款		加:企业已收、银行未收款 (1)收到石家庄轴承货款	50 000
减:银行已付、企业未付款		减:企业已付、银行未付款 (1)付富地大酒店招待费	2 300
调节后的余额	628 000	调节后的余额	628 000

中国工商银行对账单

部门：　　　　　　　　　　　　　　币种：人民币　　　　　　　　　　第 1 页

账号：2032809202183　　　　　　　单位名称：石家庄太行机床股份有限公司

2014年		摘　要	对方户名	凭证种类	凭证号码	发生额		余　额	记账信息
日期						借　方	贷　方		
1	1	**上年结转**						580 300.00	
	1	货款	唐山向阳燃料公司	支票		533 520.00			
	1	饭费	富地大酒店	支票		2 300.00		44 480.00	
	2	货款	石家庄轴承设备厂				50 000.00		
	2	贷款		支票			3 000 000.00	3 094 480.00	
	3	提现金		支票		1 500.00			
	9	货款	重庆鸿利型钢公司	信汇		263 250.00			
	9	饭费	富地大酒店	支票		1 200.00		2 828 530.00	
	10	电费	电力公司	托收		3 510.00			
	10	水费	自来水公司	托收		2 260.00			
	10	交税				45 672.00		2 777 088.00	
	11	货款	重庆兰花轴承厂	信汇			40 000.00		
	11	货款	石家庄轴承设备厂	支票			234 000.00	3 051 088.00	
	12	货款	重庆长城电机厂	支票		6 400.00			
	12	汽车款		信汇		351 000.00		2 693 688.00	
	13	收货款	石家庄轴承设备厂	支票			280 800.00	2 974 488.00	
	14	购国债	光大银行	支票		100 000.00		2 874 488.00	
	18	提现		支票		2 500.00			
	18	发工资		支票		100 000.00		2 771 988.00	
	20	购办公用品	新华文化用品	支票		1 420.00		2 770 568.00	
	21	货款	石家庄钢铁公司	支票			76 986.00	2 847 554.00	
	22	捐款	少年儿童基金	信汇		10 000.00		2 837 554.00	
	25	货款	重庆瑞祥公司	支票			100 000.00		
	25	修理费	华伟通讯科技公司	支票		1 200.00		2 936 354.00	
	26	购传真机		支票		4 095.00			
	26	电话费	中国网通	支票		1 050.00		2 931 209.00	
	27	货款	重庆瑞祥公司	信汇			180 800.00	3 112 009.00	
	28	货款	石家庄轴承设备厂	支票			117 000.00	3 229 009.00	
	31	卖出证券		支票			458 976.00	3 687 985.00	
	31	货款	重庆兰花轴承厂	信汇			100 000.00	3 787 985.00	

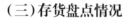

（三）存货盘点情况

原材料月末账面结存情况如下：圆钢 30 吨，单价 3 200 元；生铁 72 吨，单价 2 002.5 元；焦炭 130 吨，其中 30 吨单价为 400 元，100 吨单价为 402.5 元；煤 120 吨，其中 20 吨单价为 150 元，100 吨单价为 152.5 元；轴承 1 300 套，单价 130 元；电机 190 台，单价 2 000元。

月末，经盘点原材料实存情况如下：圆钢 30 吨，生铁 72.25 吨，焦炭 130 吨，煤 120 吨，轴承 1 300 套，电机 190 台（盘盈生铁按每吨成本 2 000 元暂估入账）。

库存商品月末账面结存情况如下：车床 20 台，单位成本 20 000 元；铣床 20 台，其中 15 台单位成本为 15 000 元，5 台单位成本为 16 000 元。

库存商品实盘情况：车床 20 台，铣床 20 台。

（四）固定资产实盘情况

月末，固定资产盘点情况如下：厂房、办公用房屋各 1 座，车床、铣床生产设备各 1 套，奥迪汽车 1 辆，办公用电脑 10 台，传真机 1 台。

会计报表编制

第七章

一、资产负债表的编制

(一)实验指导

1.资产负债表的结构

资产负债表通常包括表头、表身和表尾3个基本内容,并且采取资产总额和负债与所有者权益总额相平衡对照的结构。因此,资产负债表内容应当分为资产、负债、所有者权益3类,并分别计算出总额。《企业会计准则第30号——财务报表列报》中第十二条规定,资产和负债应当分别流动资产和非流动资产、流动负债和非流动负债列示。

(1)资产类项目:是按其流动性程度的高低顺序和变现能力的强弱排列。《企业会计准则第30号——财务报表列报》中第十九条规定,资产负债表中资产类项目至少应当单独反映货币资金、应收及预付款项、交易性投资、存货、持有至到期投资、长期股权投资、投资性房地产、固定资产、生物资产、递延所得税资产、无形资产等。每一大项中又按其内容或流动性大小分为若干具体项目排列。

(2)负债类项目:是按流动性及其偿还期限由近至远的顺序排列。分别列示流动负债、长期负债等,每一大项中又按内容构成及流动性分具体项目排列。《企业会计准则第30号——财务报表列报》中规定资产负债表中的负债类至少应当单独列示短期借款、应付及预收款项、应交税费、应付职工薪酬、预计负债、长期借款、长期应付款、应付债券、递延所得税负债等项目。

(3)所有者权益类项目:是按其永久性递减的顺序排列,分别列示实收资本、资本公积、盈余公积、未分配利润。

2.资产负债表的格式

资产负债表的格式一般有报告式和账户式两种。

(1)报告式资产负债表,是将资产、负债、所有者权益项目采用垂直形式分别列示。

(2)账户式资产负债表,是按照分类账户的格式,将资产列示在报表的左方,负债和所有者权益列示在报表的右方。我国企业的资产负债表通常采用账户式。

3.资产负债表的基本编制方法

资产负债表反映企业月末或年末全部资产、负债和所有者权益情况,如后面资产负债表参考格式所示,表中金额包括"期末金额"和"年初金额"两栏。"年初金额"一栏各项目是根据上年末资产负债表"期末金额"栏中相应项目的数字填列。如果本年度资产负债表中的项目设计与上年不一致,应对上年末资产负债表中的有关项目及数字按本年度口径进行调整后填列。"期末金额"一栏是根据本年度各有关总分类账户和明细分类账户的期末余额计算分析填列。具体编制方法如下:

(1)根据总账余额直接填列,是指将总分类账或明细分类账的期末余额直接填入报表中的相应项目。资产负债表中很大一部分项目都是采用这种方法填列的,如"应收票据"项目,根据"应收票据"总账科目的期末余额直接填列;"短期借款"项目,根据"短期借款"总账科目的期末余额直接填列。

(2)根据各总账余额相加减填列,是指资产负债表某些项目需要根据若干个总账科目的期末余额计算填列,如"货币资金"项目,需要根据"库存现金""银行存款""其他货币资金"科目的期末余额合计数填列。

(3)根据各明细账余额分析计算填列,是指资产负债表某些项目不能根据总账科目的期末余额,或若干个总账科目的期末余额计算填列,需要根据有关科目所属的相关明细科目的期末余额计算填列,如"应收账款"项目,根据"应收账款""预收账款"科目的所属相关明细科目的期末借方余额计算填列。

(4)根据总账科目和明细科目余额分析计算填列,是指资产负债表上某些项目不能根据有关总账科目的期末余额直接或计算填列,也不能根据有关科目所属相关明细科目的期末余额计算填列,需要根据总账科目和明细科目余额分析计算填列。

(5)根据科目余额减去其备抵项目后的净额填列,如"无形资产"项目,按照"无形资产"科目的期末余额减去"累计摊销""无形资产减值准备"科目期末余额后的净额填列,以反映无形资产的期末可收回金额。

(二)实验要求

编制资产负债表。

(三)资产负债表参考格式

2007年1月1日开始执行的新会计准则分别按一般企业、商业银行、保险公司、证券公司等类型规定了财务报表和附注的格式,一般企业的资产负债表参考格式如下表。

资产负债表

会企 01 表

编制单位：　　　　　　　　　　　　年　　月　　日　　　　　　　单位：元

资　　产	期末余额	年初余额	负债和股东权益	期末余额	年初余额
流动资产：			流动负债：		
货币资金			短期借款		
交易性金融资产			交易性金融负债		
应收票据			应付票据		
应收账款			应付账款		
预付款项			预收款项		
应收利息			应付职工薪酬		
应收股利			应交税费		
其他应收款			应付利息		
存货			应付股利		
一年内到期的非流动资产			其他应付款		
其他流动资产			一年内到期的非流动负债		
流动资产合计			其他流动负债		
非流动资产：			流动负债合计		
可供出售金融资产			非流动负债：		
持有至到期投资			长期借款		
长期应收款			应付债券		
长期股权投资			长期应付款		
投资性房地产			专项应付款		
固定资产			预计负债		
在建工程			递延所得税负债		
工程物资			其他非流动负债		
固定资产清理			非流动负债合计		
生产性生物资产			负债合计		
油气资产			股东权益：		
无形资产			股本		
开发支出			资本公积		
商誉			减：库存股		
长期待摊费用			盈余公积		
递延所得税资产			未分配利润		
其他非流动资产			股东权益合计		
非流动资产合计					
资产总计			负债和股东权益合计		

二、利润表的编制

（一）实验指导

1.利润表的结构

利润表包括表头、表身和表尾 3 个基本内容，并且通过会计等式"收入－费用＝利润"编制而成。因此，利润表的内容是把一定会计期间的收入与其同一会计期间相关的费用进行配比，从而计算出企业一定时期的净利润（或净亏损）。

企业会计准则《财务报表列报》中指出，利润表至少应当单独列示反映下列项目：

（1）营业收入；

（2）营业成本；

（3）营业税金；

（4）管理费用；

（5）销售费用；

（6）财务费用；

（7）投资收益；

（8）公允价值变动损益；

（9）资产减值损失；

（10）非流动资产处置损益；

（11）所得税费用；

（12）净利润。

2.利润表的格式

利润表的格式有多步式和单步式两种。我国一般采用多步式。

（1）单步式利润表，是将本期所有的收入加在一起，然后将所有的费用加总在一起，通过一次将两者相减得出本期损益。只因有一个相减步骤，故称为单步式。

（2）多步式利润表，其主要编制步骤和内容如下：

第一步，以营业收入为基础，减去营业成本、营业税金及附加、销售费用、管理费用、财务费用、资产减值损失，加上公允价值变动收益（减去公允价值变动损失）和投资收益（减去投资损失），计算得出营业利润；

第二步，以营业利润为基础，加上营业外收入，减去营业外支出，计算出利润总额；

第三步，以利润总额为基础，减去所得税费用，计算出净利润（或净亏损）。

3.利润表的基本编制方法

利润表的编制是根据损益类账户的本期发生额的有关资料填制。利润表金额分为"本月数"和"本年累计数"两栏。表中的"本月数"栏各项目反映各项目本月实际发生额，根据有关损益类账户的本期发生额分析填列。在编报年度报表时，应将"本月数"栏改为"上年数"栏，并填列上年累计实际发生数。如果上年度利润表项目名称及内容与本年度不一致，应对上年度利润表项目的名称和数额按本年利润表的规定进行调整,填入利润表的"上年数"一栏。"本年累计数"栏,反映各项目自年初起至本月末止的实际累计发生数,应根据上月"利润表"的累计数加上本月"利润表"的本月数之和填列。

（二）实验要求

编制利润表。

（三）一般企业多步式利润表参考格式

利 润 表

会企 02 表

编制单位：　　　　　　　　　年　　　月　　　　　　　　　单位：元

项　目	行次	本月数	本年累计数
一、营业收入			
减：营业成本			
营业税金及附加			
销售费用			
管理费用			
财务费用（收益以"－"号填列）			
资产减值损失			
加：公允价值变动收益（损失以"－"号填列）			
投资收益（损失以"－"号填列）			
二、营业利润（亏损以"－"号填列）			
加：营业外收入			
减：营业外支出			
其中：非流动资产处置净损失（净收益以"－"号填列）			
三、利润总额（亏损总额以"－"号填列）			
减：所得税费用			
四、净利润（净亏损以"－"号填列）			
五、每股收益：			
（一）基本每股收益			
（二）稀释每股收益			

*三、现金流量表的编制

(一)实验必备知识

1.现金流量表的结构

现金流量表的基本结构分为表头、表身(主表)和补充资料(附表)3 部分。表头标明企业名称、现金流量表的会计期间、货币单位和报表编号等。表身是现金流量表的基本部分,反映企业现金流量的分类及每部分现金流量的流入量、流出量,并反映各类现金流量的净额和总体现金流量的净额。补充资料是对基本部分的补充,全面揭示企业的理财活动并发挥与主表进行核对的作用。

2.现金流量表的编制

现金流量表是将企业的全部业务活动划分为经营活动、投资活动和筹资活动 3 大类,在现金流量表上分别揭示 3 大活动所提供的现金流量净额,3 项现金流量净额合计数与汇率折算差额之和,就是企业年度内现金流量的增减净额。若合计数为正数时,说明企业期末的现金比期初增加,本期现金流量表现为净流入量;若合计数为负数时,说明企业期末的现金比期初的现金减少,本期现金流量表现为净流出量。这一增加或减少的金额,应与资产负债表上现金及现金等价物的期初数与期末数的差额相等。

在现金流量表主表中,各具体项目,有以下两种编制方法:

(1)在分析现金日记账、银行存款日记账和其他货币资金明细账记录的基础上填列。这种方法就是直接根据现金日记账、银行存款日记账和其他货币资金明细账的记录,逐笔确定现金收入和支出的性质,分别计入现金流量表的有关项目。这种方法适用于经济业务较少的企业,经济业务较多但已实现会计电算化的企业也可以采用这种方法。

(2)在分析非现金账户记录的基础上填列。这种方法是以复式记账的基本原理为依据,根据本期的利润表以及期末资产负债表中的非现金项目的变动编制现金流量表。按照复式记账的原理,任何影响现金的交易,也一定同时影响某些非现金资产、负债、所有者权益(包括收入、费用)的变动。非现金账户的变动可以明确地反映现金交易的性质,通过非现金账户变动的分析,可以计算出各类性质的现金流入量和流出量。大部分企业通常采用此法编制现金流量表。

例如,"销售商品、提供劳务收到的现金"项目,在企业本期销售收入全部属于现销和没有预收账款,且年初无应收账款和应收票据的情况下,本年的销售收入净额就是销售商品或提供劳务所取得的全部现金收入。但是,在企业有赊销业务和预收账款的情况下,两者则可能出现差异。这两者的差异会通过"应收账款""应收票据"和"预收账款"账户余额的变动反映出来。

"应收账款"账户的年末余额大于年初余额时,即本年度应收账款增加,说明当年的赊销金额大于收回的应收账款金额,因此应从销售收入中减去应收账款的增加数,以确定销售商品所取得的现金收入;相反,"应收账款"账户的年末余额小于年初余额时,即本年度应收账款减少,说明当年的赊销金额小于收回的应收账款金额,因此应在销售收入中加上应收账款的减少数,以确定销售商品所取得的现金收入。当然,如果非销售及收款因素引起应收账款增减变动的(如核销坏账)应在分析调整时剔除。

"应收票据"账户与"应收账款"账户相同。

"预收账款"账户的年末余额大于年初余额时,即本年度预收账款增加,说明当年的预收金额大于应收回的金额,因此应在销售收入中加上预收账款的增加数,以确定销售商品所取得的现金收入;相反,"预收账款"账户的年末余额小于年初余额时,即本年度预收账款减少,说明当年的预收金额小于应收取的金额,因此应从销售收入中减去预收账款的减少数,以确定销售商品所取得的销售收入。

因此,"销售商品、提供劳务收到的现金"项目,可以通过分析"主营业务收入""应收账款""应收票据"和"预收账款"账户的记录来填列。

在具体编制现金流量表时,可采用工作底稿法或 T 形账户法编制,也可以直接根据有关科目记录分析填列。

在补充资料的编制中,"将净利润调节为经营活动的现金流量"部分以净利润为基础,通过以下 3 个步骤的调整计算出经营活动产生的现金流量净额:

第一步,加上减少经营活动的现金流量的费用和损失,如计提的坏账准备或转销的坏账、固定资产折旧、无形资产摊销等;

第二步,调整与净利润有关但与经营活动现金流量无关的项目的金额,如因投资和筹资活动引起的财务费用、投资损益等;

第三步,调整与净利润无关但与经营活动现金流量有关的项目的金额,如存货、经营性应收及应付项目的增减变动。

"现金及现金等价物净增加情况"部分各项目根据资产负债表中"货币资金"项目期初期末余额和"短期投资"项目中现金等价物期初期末余额填列。

"不涉及现金收支的投资和筹资活动"部分的各项目发生频率不高,可直接根据有关账户分析填列。

(二)实验要求

编制现金流量表。

(三)一般企业现金流量表参考格式

现金流量表

编制单位：　　　　　　　　年　月　　　　　　　　　单位：元

项　目	本期金额	上期金额
一、经营活动产生的现金流量		
销售商品、提供劳务收到的现金		
收到的税费返还		
收到其他与经营活动有关的现金		
经营活动现金流入小计		
购买商品、接受劳务支付的现金		
支付给职工以及为职工支付的现金		
支付的各项税费		
支付其他与经营活动有关的现金		
经营活动现金流出小计		
经营活动产生的现金流量净额		
二、投资活动产生的现金流量		
收回投资收到的现金		
取得投资收益收到的现金		
处置固定资产、无形资产和其他长期资产收回的现金净额		
处置子公司及其他营业单位收到的现金净额		
收到其他与投资活动有关的现金		
投资活动现金流入小计		
购建固定资产、无形资产和其他长期资产支付的现金		
投资支付的现金		
取得子公司及其他营业单位支付的现金净额		
支付其他与投资活动有关的现金		
投资活动现金流出小计		
投资活动产生的现金流量净额		
三、筹资活动产生的现金流量		
吸收投资收到的现金		
取得借款收到的现金		
收到其他与筹资活动有关的现金		
筹资活动现金流入小计		
偿还债务支付的现金		
分配股利、利润或偿付利息支付的现金		
支付其他与筹资活动有关的现金		
筹资活动现金流出小计		
筹资活动产生的现金流量净额		
四、汇率变动对现金及现金等价物的影响		
五、现金及现金等价物净增加额		
加：期初现金及现金等价物余额		
六、期末现金及现金等价物余额		

现金流量表附注：

补 充 资 料	本期 金额	上期 金额
1. 将净利润调节为经营活动现金流量：		
净利润		
加：资产减值准备		
固定资产折旧、油气资产折耗、生产性生物资产折旧		
无形资产摊销		
长期待摊费用摊销		
处置固定资产、无形资产和其他长期资产的损失（收益以"－"号填列）		
固定资产报废损失（收益以"－"号填列）		
公允价值变动损失（收益以"－"号填列）		
财务费用（收益以"－"号填列）		
投资损失（收益以"－"号填列）		
递延所得税资产减少（增加以"－"号填列）		
递延所得税负债增加（减少以"－"号填列）		
存货的减少（增加以"－"号填列）		
经营性应收项目的减少（增加以"－"号填列）		
经营性应付项目的增加（减少以"－"号填列）		
其他		
经营活动产生的现金流量净额		
2．不涉及现金收支的重大投资和筹资活动：		
债务转为资本		
一年内到期的可转换公司债券		
融资租入固定资产		
3．现金及现金等价物净变动情况：		
现金的期末余额		
减：现金的期初余额		
加：现金等价物的期末余额		
减：现金等价物的期初余额		
现金及现金等价物净增加额		

会计凭证装订与保管

第八章

一、实验指导

（一）会计凭证的装订

会计凭证装订是指各种记账凭证在办理各项业务手续并据以记账以后，由会计人员定期清点、整理、分类的程序和方法。整理的程序和方法是：

（1）每月记账完毕后，会计人员将本月各种记账凭证加以整理，检查有无缺号以及附件是否齐全。

（2）在确认记账凭证和所附原始凭证完整无缺后，将凭证折叠整齐，按凭证编号的顺序，加上封面、封底，装订成册，并在装订线上加贴封签。

（3）装订成册的封面上写明单位名称和会计凭证的名称，还要填写此册记账凭证所包含的经济业务事项发生的年、月，凭证的起止号码和起止日期，以及记账凭证和原始凭证的张数等。为慎重起见，在记账凭证的封面上应加盖单位负责人和财务负责人的印章，装订人应在装订线封签处签名或盖章。会计凭证封面格式如下：

会计凭证封面

年	（企业名称）	
	年　　月份　共　　册　　　　本册是第　　册	
月份	收款	
	付款　　凭证　第　　号至第　　号　共　　张	
第	转账	
	附：原始凭证共　　　张	
册	会计主管（签章）　　　　　　保管（签章）	

(二)会计凭证的保管

会计凭证保管是指保管要求、调用手续、保管期限和销毁办法等内容的保管制度。会计凭证保管的方法和要求是:

1.装订成册的会计凭证,应指定专人负责保管

当年的会计凭证,在会计年度终了后,可暂由本单位会计部门保管一年,期满后,原则上应把会计部门编造的清册移交本单位的档案保管部门。已经存档的会计凭证,在需要查阅时,必须经过一定的审批手续。查阅时不得拆散原卷册。原始凭证不得外借,外单位因特殊需要使用凭证时,经本单位领导人批准,可以复制。向外单位提供凭证复制件,应在专设的登记簿上登记,并由提供人员和收取人员共同签章。

2.会计凭证的保管期限和销毁

会计凭证的保管期限和销毁必须严格按照《会计档案管理办法》的有关规定执行,任何人不得随意销毁会计凭证。对于保管期满需要销毁的会计凭证,必须开列清单,按照规定报经批准后,才能销毁。在销毁前,监销人员认真清点核对,销毁后在清单上签章,并将监销情况向本单位负责人报告。对于应永久保存的会计凭证,必须永久保存,不得销毁。

二、实验要求

装订会计凭证。

附　录

附录一　会计基础工作规范

（1996 年 6 月 17 日财政部财会字 19 号发布）

第一章　总　则

第一条　为了加强会计基础工作，建立规范的会计工作秩序，提高会计工作水平，根据《中华人民共和国会计法》的有关规定，制定本规范。

第二条　国家机关、社会团体、企业、事业单位、个体工商户和其他组织的会计基础工作，应当符合本规范的规定。

第三条　各单位应当依据有关法律、法规和本规范的规定，加强会计基础工作，严格执行会计法规制度，保证会计工作依法有序地进行。

第四条　单位领导人对本单位的会计基础工作负有领导责任。

第五条　各省，自治区、直辖市财政厅（局）要加强对会计基础工作的管理和指导，通过政策引导、经验交流、监督检查等措施，促进基层单位加强会计基础工作，不断提高会计工作水平。

国务院各业务主管部门根据职责权限管理本部门的会计基础工作。

第二章　会计机构和会计人员

第一节　会计机构设置和会计人员配备

第六条　各单位应当根据会计业务的需要设置会计机构；不具备单独设置会计机构条件的，应当在有关机构中配备会计人员。

事业行政单位会计机构的设置和会计人员的配备，应当符合国家统一事业行政单位会计制度的规定。

设置会计机构，应当配备会计机构负责人；在有关机构中配备专职会计人员，应当在专职会计人员中指定会计主管人员。

会计机构负责人、会计主管人员的任免，应当符合《中华人民共和国会计法》和有关法律的规定。

第七条　会计机构负责人、会计主管人员应当具备下列基本条件：

（一）坚持原则，廉洁奉公；

（二）具有会计专业技术资格；

（三）主管一个单位或者单位内一个重要方面的财务会计工作时间不少于2年；

（四）熟悉国家财经法律、法规、规章和方针、政策，掌握本行业业务管理的有关知识；

（五）有较强的组织能力；

（六）身体状况能够适应本职工作的要求。

第八条　没有设置会计机构和配备会计人员的单位，应当根据《代理记账管理暂行办法》委托会计师事务所或者持有代理记账许可证书的其他代理记账机构进行代理记账。

第九条　大、中型企业、事业单位、业务主管部门应当根据法律和国家有关规定设置总会计师。总会计师由具有会计师以上专业技术资格的人员担任。

总会计师行使《总会计师条例》规定的职责、权限。

总会计师的任命（聘任）、免职（解聘）依照《总会计师条例》和有关法律的规定办理。

第十条　各单位应当根据会计业务需要配备持有会计证的会计人员。未取得会计证的人员，不得从事会计工作。

第十一条　各单位应当根据会计业务需要设置会计工作岗位。

会计工作岗位一般可分为：会计机构负责人或者会计主管人员，出纳，财产物资核算，工资核算，成本费用核算，财务成果核算，资金核算，往来结算，总账报表，稽核，档案管理等。开展会计电算化和管理会计的单位，可以根据需要设置相应工作岗位，也可以与其他工作岗位相结合。

第十二条　会计工作岗位，可以一人一岗、一人多岗或者一岗多人。但出纳人员不得兼管复核、会计档案保管和收入、费用、债权债务账目的登记工作。

第十三条　会计人员的工作岗位应当有计划地进行轮换。

第十四条　会计人员应当具备必要的专业知识和专业技能，熟悉国家有关法律、法规、规章和国家统一会计制度，遵守职业道德。

会计人员应当按照国家有关规定参加会计业务的培训。各单位应当合理安排会计人员的培训，保证会计人员每年有一定时间用于学习和参加培训。

第十五条　各单位领导人应当支持会计机构、会计人员依法行使职权；对忠于职守，坚持原则，做出显著成绩的会计机构、会计人员，应当给予精神的和物质的奖励。

第十六条　国家机关、国有企业、事业单位任用会计人员应当实行回避制度。

单位领导人的直系亲属不得担任本单位的会计机构负责人、会计主管人员。会计机构负责人、会计主管人员的直系亲属不得在本单位会计机构中担任出纳工作。

需要回避的直系亲属为:夫妻关系、直系血亲关系、三代以内旁系血亲以及配偶关系。

第二节 会计人员职业道德

第十七条 会计人员在会计工作中应当遵守职业道德,树立良好的职业品质、严谨的工作作风,严守工作纪律,努力提高工作效率和工作质量。

第十八条 会计人员应当热爱本职工作,努力钻研业务,使自己的知识和技能适应所从事工作的要求。

第十九条 会计人员应当熟悉财经法律、法规、规章和国家统一会计制度,并结合会计工作进行广泛宣传。

第二十条 会计人员应当按照会计法律、法规和国家统一会计制度规定的程序和要求进行会计工作,保证所提供的会计信息合法、真实、准确、及时、完整。

第二十一条 会计人员办理会计事务应当实事求是、客观公正。

第二十二条 会计人员应当熟悉本单位的生产经营和业务管理情况,运用掌握的会计信息和会计方法,为改善单位内部管理、提高经济效益服务。

第二十三条 会计人员应当保守本单位的商业秘密。除法律规定和单位领导人同意外,不能私自向外界提供或者泄露单位的会计信息。

第二十四条 财政部门、业务主管部门和各单位应当定期检查会计人员遵守职业道德的情况,并作为会计人员晋升、晋级、聘任专业职务、表彰奖励的重要考核依据。

会计人员违反职业道德的,由所在单位进行处罚;情节严重的,由会计证发证机关吊销其会计证。

第三节 会计工作交接

第二十五条 会计人员工作调动或者因故离职,必须将本人所经管的会计工作全部移交给接替人员。没有办清交接手续的,不得调动或者离职。

第二十六条 接替人员应当认真接管移交工作,并继续办理移交的未了事项。

第二十七条 会计人员办理移交手续前,必须及时做好以下工作:

(一)已经受理的经济业务尚未填制会计凭证的,应当填制完毕。

(二)尚未登记的账目,应当登记完毕,并在最后一笔余额后加盖经办人员印章。

(三)整理应该移交的各项资料,对未了事项写出书面材料。

(四)编制移交清册,列明应当移交的会计凭证、会计账簿、会计报表、印章、现金、有价证券、支票簿、发票、文件、其他会计资料和物品等内容;实行会计电算化的单位,从事该项工作的移交人员还应当在移交清册中列明会计软件及密码、会计软件数据磁盘(磁带等)及有关资料、实物等内容。

第二十八条 会计人员办理交接手续,必须有监交人负责监交。一般会计人员交接,由单位会计机构负责人、会计主管人员负责监交;会计机构负责人、会计主管人员交接,由单位领导人负责监交,必要时可由上级主管部门派人会同监交。

第二十九条 移交人员在办理移交时,要按移交清册逐项移交,接替人员要逐项核对点收。

（一）现金、有价证券要根据会计账簿有关记录进行点交。库存现金、有价证券必须与会计账簿记录保持一致。不一致时，移交人员必须限期查清。

（二）会计凭证、会计账簿、会计报表和其他会计资料必须完整无缺。如有短缺，必须查清原因，并在移交清册中注明，由移交人员负责。

（三）银行存款账户余额要与银行对账单核对，如不一致，应当编制银行存款余额调节表调节相符，各种财产物资和债权债务的明细账户余额要与总账有关账户余额核对相符；必要时，要抽查个别账户的余额，与实物核对相符，或者与往来单位、个人核对清楚。

（四）移交人员经管的票据、印章和其他实物等，必须交接清楚；移交人员从事会计电算化工作的，要对有关电子数据在实际操作状态下进行交接。

第三十条　会计机构负责人、会计主管人员移交时，还必须将全部财务会计工作、重大财务收支和会计人员的情况等，向接替人员详细介绍。对需要移交的遗留问题，应当写出书面材料。

第三十一条　交接完毕后，交接双方和监交人员要在移交注册上签名或者盖章，并应在移交注册上注明：单位名称，交接日期，交接双方和监交人员的职务、姓名，移交清册页数以及需要说明的问题和意见等。

移交清册一般应当填制一式三份，交接双方各执一份，存档一份。

第三十二条　接替人员应当继续使用移交的会计账簿，不得自行另立新账，以保持会计记录的连续性。

第三十三条　会计人员临时离职或者因病不能工作且需要接替或者代理的，会计机构负责人、会计主管人员或者单位领导人必须指定有关人员接替或者代理，并办理交接手续。

临时离职或者因病不能工作的会计人员恢复工作的，应当与接替或者代理人员办理交接手续。

移交人员因病或者其他特殊原因不能亲自办理移交的，经单位领导人批准，可由移交人员委托他人代办移交，但委托人应当承担本规范第三十五条规定的责任。

第三十四条　单位撤销时，必须留有必要的会计人员，会同有关人员办理清理工作，编制决算。未移交前，不得离职。接收单位和移交日期由主管部门确定。

单位合并、分立的，其会计工作交接手续比照上述有关规定办理。

第三十五条　移交人员对所移交的会计凭证、会计账簿、会计报表和其他有关资料的合法性、真实性承担法律责任。

第三章　会计核算

第一节　会计核算一般要求

第三十六条　各单位应当按照《中华人民共和国会计法》和国家统一会计制度的

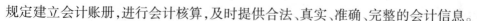

规定建立会计账册,进行会计核算,及时提供合法、真实、准确、完整的会计信息。

第三十七条　各单位发生的下列事项,应当及时办理会计手续、进行会计核算:

(一)款项和有价证券的收付;

(二)财物的收发、增减和使用;

(三)债权债务的发生和结算;

(四)资本、基金的增减;

(五)收入、支出、费用、成本的计算;

(六)财务成果的计算和处理;

(七)其他需要办理会计手续、进行会计核算的事项。

第三十八条　各单位的会计核算应当以实际发生的经济业务为依据,按照规定的会计处理方法进行,保证会计指标的口径一致、相互可比和会计处理方法的前后各期相一致。

第三十九条　会计年度自公历 1 月 1 日起至 12 月 31 日止。

第四十条　会计核算以人民币为记账本位币。

收支业务以外国货币为主的单位,也可以选定某种外国货币作为记账本位币,但是编制的会计报表应当折算为人民币反映。

境外单位向国内有关部门编报的会计报表,应当折算为人民币反映。

第四十一条　各单位根据国家统一会计制度的要求,在不影响会计核算要求、会计报表指标汇总和对外统一会计报表的前提下,可以根据实际情况自行设置和使用会计科目。

事业行政单位会计科目的设置和使用,应当符合国家统一事业行政单位会计制度的规定。

第四十二条　会计凭证、会计账簿、会计报表和其他会计资料的内容和要求必须符合国家统一会计制度的规定,不得伪造、变造会计凭证和会计账簿,不得设置账外账,不得报送虚假会计报表。

第四十三条　各单位对外报送的会计报表格式由财政部统一规定。

第四十四条　实行会计电算化的单位,对使用的会计软件及其生成的会计凭证、会计账簿。会计报表和其他会计资料的要求,应当符合财政部关于会计电算化的有关规定。

第四十五条　各单位的会计凭证、会计账簿、会计报表和其他会计资料,应当建立档案,妥善保管。会计档案建档要求、保管期限、销毁办法等依据《会计档案管理办法》的规定进行。

实行会计电算化的单位,有关电子数据、会计软件资料等应当作为会计档案进行管理。

第四十六条　会计记录的文字应当使用中文,少数民族自治地区可以同时使用少数民族文字。中国境内的外商投资企业、外国企业和其他外国经济组织也可以同时使用某种外国文字。

第二节　填制会计凭证

第四十七条　各单位办理本规范第三十七条规定的事项,必须取得或者填制原始凭证,并及时送交会计机构。

第四十八条　原始凭证的基本要求是:

(一)原始凭证的内容必须具备:凭证的名称;填制凭证的日期;填制凭证单位名称或者填制人姓名;经办人员的签名或者盖章;接受凭证单位名称;经济业务内容;数量、单价和金额。

(二)从外单位取得的原始凭证,必须盖有填制单位的公章;从个人取得的原始凭证,必须有填制人员的签名或者盖章。自制原始凭证必须有经办单位领导人或者其指定的人员签名或者盖章。对外开出的原始凭证,必须加盖本单位公章。

(三)凡填有大写和小写金额的原始凭证,大写与小写金额必须相符。购买实物的原始凭证,必须有验收证明。支付款项的原始凭证。必须有收款单位和收款人的收款证明。

(四)一式几联的原始凭证,应当注明各联的用途,只能以一联作为报销凭证。

一式几联的发票和收据,必须用双面复写纸(发票和收据本身具备复写纸功能的除外)套写,并连续编号。作废时应当加盖"作废"戳记,连同存根一起保存,不得撕毁。

(五)发生销货退回的,除填制退货发票外,还必须有退货验收证明;退款时,必须取得对方的收款收据或者汇款银行的凭证,不得以退货发票代替收据。

(六)职工公出借款凭据,必须附在记账凭证之后。收回借款时,应当另开收据或者退还借据副本,不得退还原借款收据。

(七)经上级有关部门批准的经济业务,应当将批准文件作为原始凭怔附件:如果批准文件需要单独归档的,应当在凭证上注明批准机关名称、日期和文件字号。

第四十九条　原始凭证不得涂改、挖补。发现原始凭证有错误的,应当由开出单位重开或者更正,更正处应当加盖开出单位的公章。

第五十条　会计机构、会计人员要根据审核无误的原始凭证填制记账凭证。

记账凭证可以分为收款凭证、付款凭证和转账凭证,也可以使用通用记账凭证。

第五十一条　记账凭证的基本要求是:

(一)记账凭证的内容必须具备:填制凭证的日期;凭证编号;经济业务摘要;会计科目;金额;所附原始凭证张数;填制凭证人员、稽核人员、记账人员、会计机构负责人、会计主管人员签名或者盖章。收款和付款记账凭证还应当由出纳人员签名或者盖章。

以自制的原始凭证或者原始凭证汇总表代替记账凭证的,也必须具备记账凭证应有的项目。

(二)填制记账凭证时,应当对记账凭证进行连续编号。一笔经济业务需要填制两张以上记账凭证的,可以采用分数编号法编号。

(三)记账凭证可以根据每一张原始凭证填制,或者根据若干张同类原始凭证汇总填制,也可以根据原始凭证汇总表填制。但不得将不同内容和类别的原始凭证汇总填制在一张记账凭证上。

(四)除结账和更正错误的记账凭证可以不附原始凭证外,其他记账凭证必须附有原始凭证。如果一张原始凭证涉及几张记账凭证,可以把原始凭证附在一张主要的记账凭证后面,并在其他记账凭证上注明附有该原始凭证的记账凭证的编号或者附原始凭证复印件。一张原始凭证所列支出需要几个单位共同负担的,应当将其他单位负担的部分,开给对方原始凭证分割单,进行结算。原始凭证分割单必须具备原始凭证的基本内容:凭证名称、填制凭证日期、填制凭证单位名称或者填制人姓名、经办人的签名或者盖章、接受凭证单位名称、经济业务内容、数量、单价、金额和费用分摊情况等。

(五)如果在填制记账凭证时发生错误,应当重新填制。已经登记入账的记账凭证,在当年内发现填写错误时,可以用红字填写一张与原内容相同的记账凭证,在摘要栏注明"注销某月某日某号凭证"字样,同时再用蓝字重新填制一张正确的记账凭证,注明"订正某月某日某号凭证"字样。如果会计科目没有错误,只是金额错误,也可以将正确数字与错误数字之间的差额,另编一张调整的记账凭证,调增金额用蓝字,调减金额用红字。发现以前年度记账凭证有错误的,应当用蓝字填制一张更正的记账凭证。

(六)记账凭证填制完经济业务事项后,如有空行,应当自金额栏最后一笔金额数字下的空行处至合计数上的空行处划线注销。

第五十二条 填制会计凭证,字迹必须清晰、工整,并符合下列要求:

(一)阿拉伯数字应当一个一个地写,不得连笔写。阿拉伯金额数字前面应当书写货币币种符号或者货币名称简写和币种符号。币种符号与阿拉伯金额数字之间不得留有空白。凡阿拉伯数字前写有币种符号的,数字后面不再写货币单位。

(二)所有以元为单位(其他货币种类为货币基本单位,下同)的阿拉伯数字,除表示单价等情况外,一律填写到角分;无角分的,角位和分位可写"00",或者符号"—";有角无分的,分位应当写"0",不得用符号"—"代替。

(三)汉字大写数字金额如零、壹、贰、叁、肆、伍、陆、柒、捌、玖、拾、佰、仟、万、亿等,一律用正楷或者行书体书写,不得用〇、一、二、三、四、五、六、七、八、九、十等简化字代替,不得任意自造简化字。大写金额数字到元或者角为止的,在"元"或者"角"字之后应当写"整"字或者"正"字;大写金额数字有分的,分字后面不写"整"或者"正"字。

(四)大写金额数字前未印有货币名称的,应当加填货币名称,货币名称与金额数字之间不得留有空白。

(五)阿拉伯金额数字中间有"0"时,汉字大写金额要写"零"字;阿拉伯数字金额中间连续有几个"0"时,汉字大写金额中可以只写一个"零"字;阿拉伯金额数字元位是"0",或者数字中间连续有几个"0"、元位也是"0"但角位不是"0"时,汉字大写金额可以只写一个"零"字,也可以不写"零"字。

第五十三条　实行会计电算化的单位,对于机制记账凭证,要认真审核,做到会计科目使用正确,数字准确无误。打印出的机制记账凭证要加盖制单人员、审核人员、记账人员及会计机构负责人、会计主管人员印章或者签字。

第五十四条　各单位会计凭证的传递程序应当科学、合理,具体办法由各单位根据会计业务需要自行规定。

第五十五条　会计机构、会计人员要妥善保管会计凭证。

(一)会计凭证应当及时传递,不得积压。

(二)会计凭证登记完毕后,应当按照分类和编号顺序保管,不得散乱丢失。

(三)记账凭证应当连同所附的原始凭证或者原始凭证汇总表,按照编号顺序,折叠整齐,按期装订成册,并加具封面,注明单位名称、年度、月份和起讫日期、凭证种类、起讫号码,由装订人在装订线封签外签名或者盖章。

对于数量过多的原始凭证,可以单独装订保管,在封面上注明记账凭证日期、编号、种类,同时在记账凭证上注明"附件另订"和原始凭证名称及编号。

各种经济合同、存出保证金收据以及涉外文件等重要原始凭证,应当另编目录,单独登记保管,并在有关的记账凭证和原始凭证上相互注明日期和编号。

(四)原始凭证不得外借,其他单位如因特殊原因需要使用原始凭证时,经本单位会计机构负责人、会计主管人员批准,可以复制。向外单位提供的原始凭证复制件,应当在专设的登记簿上登记,并由提供人员和收取人员共同签名或者盖章。

(五)从外单位取得的原始凭证如有遗失,应当取得原开出单位盖有公章的证明,并注明原来凭证的号码、金额和内容等,由经办单位会计机构负责人、会计主管人员和单位领导人批准后,才能代作原始凭证。如果确实无法取得证明的,如火车、轮船、飞机票等凭证,由当事人写出详细情况,由经办单位会计机构负责人、会计主管人员和单位领导人批准后,代作原始凭证。

第三节　登记会计账簿

第五十六条　各单位应当按照国家统一会计制度的规定和会计业务的需要设置会计账簿。会计账簿包括总账、明细账、日记账和其他辅助性账簿。

第五十七条　现金日记账和银行存款日记账必须采用订本式账簿。不得用银行对账单或者其他方法代替日记账。

第五十八条　实行会计电算化的单位,用计算机打印的会计账簿必须连续编号,经审核无误后装订成册,并由记账人员和会计机构负责人、会计主管人员签字或者盖章。

第五十九条　启用会计账簿时,应当在账簿封面上写明单位名称和账簿名称。在账簿扉页上应当附启用表,内容包括:启用日期、账簿页数、记账人员和会计机构负责人、会计主管人员姓名,并加盖名章和单位公章。记账人员或者会计机构负责人、会计主管人员调动工作时,应当注明交接日期、接办人员或者监交人员姓名,并由交接双方人员签名或者盖章。

启用订本式账簿,应当从第一页到最后一页按顺序编定页数,不得跳页、缺号。使用活页式账页,应当按账户顺序编号,并须定期装订成册。装订后再接实际使用的账页顺序编定页码,另加目录,记明每个账户的名称和页次。

第六十条 会计人员应当根据审核无误的会计凭证登记会计账簿。登记账簿的基本要求是:

(一)登记会计账簿时,应当将会计凭证日期、编号、业务内容摘要、金额和其他有关资料逐项记入账内;做到数字准确、摘要清楚、登记及时、字迹工整。

(二)登记完毕后,要在记账凭证上签名或者盖章,并注明已经登账的符号,表示已经记账。

(三)账簿中书写的文字和数字上面要留有适当空格,不要写满格;一般应占格距的二分之一。

(四)登记账簿要用蓝黑墨水或者碳素墨水书写,不得使用圆珠笔(银行的复写账簿除外)或者铅笔书写。

(五)下列情况,可以用红色墨水记账:

1.按照红字冲账的记账凭证,冲销错误记录;

2.在不设借贷等栏的多栏式账页中,登记减少数;

3.在三栏式账户的余额栏前,如未印明余额方面的,在余额栏内登记负数余额;

4.根据国家统一会计制度的规定可以用红字登记的其他会计记录。

(六)各种账簿按页次顺序连续登记,不得跳行、隔页。如果发生跳行、隔页,应当将空行、空页划线注销,或者注明"此行空白""此页空白"字样,并由记账人员签名或者盖章。

(七)凡需要结出余额的账户,结出余额后。应当在"借或贷"等栏内写明"借"或者"贷'等字样。没有余额的账户,应当在"借或贷"等栏内写"平"字,并在余额栏内用"0"表示。

现金日记账和银行存款日记账必须逐日结出余额。

(八)每一账页登记完毕结转下页时,应当结出本页合计数及余额,写在本页最后一行和下页第一行有关栏内,并在摘要栏内注明"过次页"和"承前页"字样;也可以将本页合计数及金额只写在下页第一行有关栏内,并在摘要栏内注明"承前页"字样。

对需要结计本月发生额的账户,结计"过次页"的本页合计数应当为自本月初起至本月末止的发生额合计数;对需要结计本年累计发生额的账户,结计"过次页"的本页合计数应当为自年初起至本月末止的累计数;对既不需要结计本月发生额也不需要结计本年累计发生额的账户,可以只将每页末的余额结转次页。

第六十一条 实行会计电算化的单位,总账和明细账应当定期打印。

发生收款和付款业务的,在输入收款凭证和付款凭证的当天必须打印出现金日记账和银行存款日记账,并与库存现金核对无误。

第六十二条　账簿记录发生错误,不准涂改、挖补、刮擦或者用药水消除字迹,不准重新抄写,必须按照下列方法进行更正:

(一)登记账簿时发生错误,应当将错误的文字或者数字划红线注销,但必须使原有字迹仍可辨认;然后在划线上方填写正确的文字或者数字,并由记账人员在更正处盖章。对于错误的数字,应当全部划红线更正,不得只更正其中的错误数字。对于文字错误,可只划去错误的部分。

(二)由于记账凭证错误而使账簿记录发生错误,应当按更正的记账凭证登记账簿。

第六十三条　各单位应当定期对会计账簿记录的有关数字与库存实物、货币资金、有价证券、往来单位或者个人等进行相互核对,保证账证相符、账账相符、账实相符。对账工作每年至少进行一次。

(一)账证核对。核对会计账簿记录与原始凭证、记账凭证的时间、凭证字号、内容、金额是否一致,记账方向是否相符。

(二)账账核对。核对不同会计账簿之间的账簿记录是否相符,包括:总账有关账户的余额核对,总账与明细账核对,总账与日记账核对,会计部门的财产物资明细账与财产物资保管和使用部门的有关明细账核对等。

(三)账实核对。核对会计账簿记录与财产等实有数额是否相符。包括:现金日记账账面余额与现金实际库存数相核对;银行存款日记账账面余额定期与银行对账单相核对;各种财物明细账账面余额与财物实存数额相核对;各种应收、应付款明细账账面余额与有关债务、债权单位或者个人核对等。

第六十四条　各单位应当按照规定定期结账。

(一)结账前,必须将本期内所发生的各项经济业务全部登记入账。

(二)结账时,应当结出每个账户的期末余额。需要结出当月发生额的,应当在摘要栏内注明"本月合计"字样,并在下面通栏划单红线。需要结出本年累计发生额的,应当在摘要栏内注明"本年累计"字样,并在下面通栏划单红线;12月末的"本年累计"就是全年累计发生额。全年累计发生额下面应当通栏划双红线。年度终了结账时,所有总账账户都应当结出全年发生额和年末余额。

(三)年度终了,要把各账户的余额结转到下一会计年度,并在摘要栏注明"结转下年"字样;在下一会计年度新建有关会计账簿的第一行余额栏内填写上年结转的余额,并在摘要栏注明"上年结转"字样。

第四节　编制财务报告

第六十五条　各单位必须按照国家统一会计制度的规定,定期编制财务报告。财务报告包括会计报表及其说明。会计报表包括会计报表主表、会计报表附表、会计报表附注。

第六十六条　各单位对外报送的财务报告应当根据国家统一会计制度规定的格式和要求编制。单位内部使用的财务报告,其格式和要求由各单位自行规定。

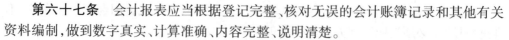
第六十七条　会计报表应当根据登记完整、核对无误的会计账簿记录和其他有关资料编制，做到数字真实、计算准确、内容完整、说明清楚。

任何人不得篡改或者授意、指使、强令他人篡改会计报表的有关数字。

第六十八条　会计报表之间、会计报表各项目之间，凡有对应关系的数字，应当相互一致。本期会计报表与上期会计报表之间有关的数字应当相互衔接。如果不同会计年度会计报表中各项目的内容和核算方法有变更的，应当在年度会计报表中加以说明。

第六十九条　各单位应当按照国家统一会计制度的规定认真编写会计报表附注及其说明，做到项目齐全，内容完整。

第七十条　各单位应当按照国家规定的期限对外报送财务报告。

对外报送的财务报告，应当依次编定页码，加具封面，装订成册，加盖公章。封面上应当注明：单位名称，单位地址，财务报告所属年度、季度、月度，送出日期，并由单位领导人、总会计师、会计机构负责人、会计主管人员签名或者盖章。

单位领导人对财务报告的合法性、真实性负法律责任。

第七十一条　根据法律和国家有关规定应当对财务报告进行审计的，财务报告编制单位应当先行委托注册会计师进行审计，并将注册会计师出具的审计报告随同财务报告按照规定的期限报送有关部门。

第七十二条　如果发现对外报送的财务报告有错误，应当及时办理更正手续。除更正本单位留存的财务报告外，并应同时通知接受财务报告的单位更正。错误较多的，应当重新编报。

第四章　会计监督

第七十三条　各单位的会计机构、会计人员对本单位的经济活动进行会计监督。

第七十四条　会计机构、会计人员进行会计监督的依据是：

（一）财经法律、法规、规章；

（二）会计法律、法规和国家统一会计制度；

（三）各省、自治区、直辖市财政厅（局）和国务院业务主管部门根据《中华人民共和国会计法》和国家统一会计制度制定的具体实施办法或者补充规定；

（四）各单位根据《中华人民共和国会计法》和国家统一会计制度制定的单位内部会计管理制度；

（五）各单位内部的预算、财务计划、经济计划、业务计划。

第七十五条　会计机构、会计人员应当对原始凭证进行审核和监督。

对不真实、不合法的原始凭证，不予受理。对弄虚作假、严重违法的原始凭证，在不予受理的同时，应当予以扣留，并及时向单位领导人报告，请求查明原因，追究当事人的责任。

对记载不明确、不完整的原始凭证，予以退回，要求经办人员更正、补充。

第七十六条　会计机构、会计人员对伪造、变造、故意毁灭会计账簿或者账外设账行为,应当制止和纠正;制止和纠正无效的,应当向上级主管单位报告,请求作出处理。

第七十七条　会计机构、会计人员应当对实物、款项进行监督,督促建立并严格执行财产清查制度。发现账簿记录与实物、款项不符时,应当按照国家有关规定进行处理。超出会计机构、会计人员职权范围的,应当立即向本单位领导报告,请求查明原因,作出处理。

第七十八条　会计机构、会计人员对指使、强令编造、篡改财务报告行为,应当制止和纠正;制止和纠正无效的,应当向上级主管单位报告,请求处理。

第七十九条　会计机构、会计人员应当对财务收支进行监督。

(一)对审批手续不全的财务收支,应当退回,要求补充、更正。

(二)对违反规定不纳入单位统一会计核算的财务收支,应当制止和纠正。

(三)对违反国家统一的财政、财务、会计制度规定的财务收支,不予办理。

(四)对认为是违反国家统一的财政、财务、会计制度规定的财务收支,应当制止和纠正;制止和纠正无效的,应当向单位领导人提出书面意见请求处理。

单位领导人应当在接到书面意见起十日内作出书面决定,并对决定承担责任。

(五)对违反国家统一的财政、财务、会计制度规定的财务收支,不予制止和纠正,又不向单位领导人提出书面意见的;也应当承担责任。

(六)对严重违反国家利益和社会公众利益的财务收支,应当向主管单位或者财政、审计、税务机关报告。

第八十条　会计机构、会计人员对违反单位内部会计管理制度的经济活动,应当制止和纠正;制止和纠正无效的,向单位领导人报告,请求处理。

第八十一条　会计机构、会计人员应当对单位制定的预算、财务计划、经济计划、业务计划的执行情况进行监督。

第八十二条　各单位必须依照法律和国家有关规定接受财政、审计、税务等机关的监督,如实提供会计凭证、会计账簿、会计报表和其他会计资料以及有关情况、不得拒绝、隐匿、谎报。

第八十三条　按照法律规定应当委托注册会计师进行审计的单位,应当委托注册会计师进行审计,并配合注册会计师的工作,如实提供会计凭证、会计账簿、会计报表和其他会计资料以及有关情况,不得拒绝、隐匿、谎报;不得示意注册会计师出具不当的审计报告。

第五章　内部会计管理制度

第八十四条　各单位应当根据《中华人民共和国会计法》和国家统一会计制度的规定,结合单位类型和内容管理的需要,建立健全相应的内部会计管理制度。

第八十五条　各单位制定内部会计管理制度应当遵循下列原则:

(一)应当执行法律、法规和国家统一的财务会计制度。

（二）应当体现本单位的生产经营、业务管理的特点和要求。

（三）应当全面规范本单位的各项会计工作，建立健全会计基础，保证会计工作的有序进行。

（四）应当科学、合理，便于操作和执行。

（五）应当定期检查执行情况。

（六）应当根据管理需要和执行中的问题不断完善。

第八十六条　各单位应当建立内部会计管理体系。主要内容包括：单位领导人、总会计师对会计工作的领导职责；会计部门及其会计机构负责人、会计主管人员的职责、权限；会计部门与其他职能部门的关系；会计核算的组织形式等。

第八十七条　各单位应当建立会计人员岗位责任制度。主要内容包括：会计人员的工作岗位设置；各会计工作岗位的职责和标准；各会计工作岗位的人员和具体分工；会计工作岗位轮换办法；对各会计工作岗位的考核办法。

第八十八条　各单位应当建立账务处理程序制度。主要内容包括：会计科目及其明细科目的设置和使用；会计凭证的格式、审核要求和传递程序；会计核算方法；会计账簿的设置；编制会计报表的种类和要求；单位会计指标体系。

第八十九条　各单位应当建立内部牵制制度。主要内容包括：内部牵制制度的原则；组织划分；出纳岗位的职责和限制条件；有关岗位的职责和权限。

第九十条　各单位应当建立稽核制度。主要内容包括：稽核工作的组织形式和具体分工；稽核工作的职责、权限；审核会计凭证和复核会计账簿、会计报表的方法。

第九十一条　各单位应当建立原始记录管理制度。主要内容包括：原始记录的内容和填制方法；原始记录的格式；原始记录的审核；原始记录填制人的责任；原始记录签署、传递、汇集要求。

第九十二条　各单位应当建立定额管理制度。主要内容包括：定额管理的范围；制定和修订定额的依据、程序和方法；定额的执行；定额考核和奖惩办法等。

第九十三条　各单位应当建立计量验收制度。主要内容包括：计量检测手段和方法；计量验收管理的要求；计量验收人员的责任和奖惩办法。

第九十四条　各单位应当建立财产清查制度。主要内容包括：财产清查的范围；财产清查的组织；账产清查的期限和方法；对财产清查中发现问题的处理办法；对财产管理人员的奖惩办法。

第九十五条　各单位应当建立财务收支审批制度。主要内容包括：财务收支审批人员和审批权限；财务收支审批程序；财务收支审批人员的责任。

第九十六条　实行成本核算的单位应当建立成本核算制度。主要内容包括：成本核算的对象；成本核算的方法和程序；成本分析等。

第九十七条　各单位应当建立财务会计分析制度。主要内容包括：财务会计分析的主要内容；财务会计分析的基本要求和组织程序；财务会计分析的具体方法；财务会计分析报告的编写要求等。

第六章 附 则

第九十八条 本规范所称国家统一会计制度,是指由财政部制定、或者财政部与国务院有关部门联合制定、或者经财政部审核批准的在全国范围内统一执行的会计规章、准则、办法等规范性文件。

本规范所称会计主管人员,是指不设置会计机构、只在其他机构中设置专职会计人员的单位行使会计机构负责人职权的人员。

本规范第三章第二节和第三节关于填制会计凭证、登记会计账簿的规定,除特别指出外,一般适用于手工记账。实行会计电算化的单位,填制会计凭证和登记会计账簿的有关要求,应当符合财政部关于会计电算化的有关规定。

第九十九条 各省、自治区、直辖市财政厅(局)、国务院各业务主管部门可以根据本规范的原则,结合本地区、本部门的具体情况,制定具体实施办法,报财政部备案。

第一百条 本规范由财政部负责解释、修改。

第一百零一条 本规范自公布之日起实施。1984 年 4 月 24 日财政部发布的《会计人员工作规则》同时废止。

附录二　票据填写规范

一、票据日期的填写

（1）票据的出票日期必须使用中文大写。

（2）在填写月、日时，月为1、2和10的，日为1至9和10、20和30的，应在其前加"零"。

（3）日为11至19的，应在其前加"壹"。如1月15日，应写成零壹月壹拾伍日。再如10月20日，应写成零壹拾月零贰拾日。

（4）11月要写成壹拾壹月，12月要写成壹拾贰月。

二、中文大写数字的填写

（1）中文大写金额数字应用正楷或行书填写，如壹、贰（贰）、叁、肆、伍、陆、柒、捌、玖、拾、佰、仟、万、亿、元、角、分、零、整（正）等字样。不得用一、二（两）、三、四、五、六、七、八、九、十、念、毛、另（或0）填写，不得自造简化字。如果金额数字书写中使用繁体字，如贰、陆、億、萬、圆的，也应受理。

（2）整（正）的填写

①金额数字到"元"为止的，在"元"之后，应写"整"（或"正"）字；

②在"角"之后，可以不写"整"（或"正"）字；

③大写金额数字有"分"的，"分"后面不写"整"（或"正"）字。

（3）中文大写金额数字前应标明"人民币"字样，并应紧接"人民币"字样填写，不得留有空白。大写金额数字前未印"人民币"字样的，应加填"人民币"三字。在票据和结算凭证大写金额栏内不得预印固定的"仟、佰、拾、万、仟、佰、拾、元、角、分"字样。

（4）关于"0"（零）的填写。阿拉伯数字小写金额数字中有"0"时，中文大写应按照汉语语言规律、金额数字构成和防止涂改的要求进行书写。举例如下：

● 阿拉伯数字中间有"0"时，中文大写要写"零"字，如￥409.50，应写成人民币肆佰零玖元伍角。

● 阿拉伯数字中间连续有几个"0"时，中文大写金额中间可以只写一个"零"字，如￥6 007.14，应写成人民币陆仟零柒元壹角肆分。

● 阿拉伯金额数字万位和元位是"0"，或者数字中间连续有几个"0"，万位、元位也是"0"，但千位、角位不是"0"时，中文大写金额中可以只写一个零字，也可以不写"零"字。如￥1 680.32，应写成人民币壹仟陆佰捌拾元零叁角贰分，或者写成人民币壹仟陆佰捌拾元叁角贰分。又如￥107 000.53，应写成人民币壹拾万柒仟元零伍角叁分，或者写成人民币壹拾万零柒仟元伍角叁分。

• 阿拉伯金额数字角位是"0",而分位不是"0"时,中文大写金额"元"后面应写"零"字。如￥409.02,应写成人民币肆佰零玖元零贰分。

三、阿拉伯小写金额数字的填写

阿拉伯小写金额数字前面,均应填写人民币符号"￥",但要认真填写,不得连写分辨不清。票据出票日期使用小写填写的,银行不予受理。大写日期未按要求规范填写的,银行可予受理,但由此造成损失的,由出票人自行承担。

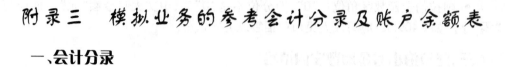

附录三　模拟业务的参考会计分录及账户余额表

一、会计分录

业务序号	摘　要	会计分录
1	张力借差旅费	借：其他应收款——张力　2 000 　　贷：库存现金　2 000
2	购买原材料	借：在途物资——生铁　400 500 　　——煤　15 250 　　——焦炭　40 250 　　应交税费——应交增值税（进项税额）　77 520 　　贷：银行存款——工商银行　533 520
3	向银行借款	借：银行存款——工商银行　3 000 000 　　贷：短期借款——工商银行　3 000 000
4	提现	借：库存现金　1 500 　　贷：银行存款——工商银行　1 500
5	购买计算器	借：管理费用——办公费　100 　　贷：库存现金　100
6	张力报销差旅费	借：库存现金　104 　　销售费用——差旅费　1 896 　　贷：其他应收款——张力　2 000
7	购进材料并已入库	借：原材料——圆钢　160 000 　　——轴承　65 000 　　应交税费——应交增值税（进项税额）　38 250 　　贷：应付账款——重庆鸿利型钢有限公司　263 250
8	归还前欠货款	借：应付账款——鸿利型钢有限公司　263 250 　　贷：银行存款——工商银行　263 250
9	办公室结算餐饮费	借：管理费用——业务招待费　1 200 　　贷：银行存款——工商银行　1 200
10	原材料入库	借：原材料——生铁　400 500 　　——煤　15 250 　　——焦炭　40 250 　　贷：在途物资——生铁　400 500 　　——煤　15 250 　　——焦炭　40 250
11	支付电费	借：制造费用——水电费　2 500 　　管理费用——水电费　500 　　应交税费——应交增值税（进项税额）　510 　　贷：银行存款——工商银行　3 510

续表

业务序号	摘　要	会计分录	
12	支付水费	借：制造费用——水电费	2 000
		应交税费——应交增值税（进项税额）	260
		贷：银行存款——工商银行	2 260
13	缴纳各项税费	借：应交税费——未交增值税	35 200
		应交税费——应交城建税	2 464
		应交税费——应交教育费附加	1 408
		应交税费——应交所得税	6 600
		贷：银行存款——工商银行	45 672
14	收到前欠货款	借：银行存款——工商银行	40 000
		贷：应收账款——重庆兰花轴承厂	40 000
15	销售产品	借：银行存款——工商银行	234 000
		贷：主营业务收入——铣床	200 000
		应交税费——应交增值税（销项税额）	34 000
16	收到材料并入库	借：原材料——电机	20 000
		应交税费——应交增值税（进项税额）	3 400
		贷：预付账款——重庆长城电机厂	17 000
		银行存款——工商银行	6 400
17	购入汽车	借：固定资产——奥迪轿车	351 000
		贷：银行存款——工商银行	351 000
18	销售产品	借：银行存款——工商银行	280 800
		贷：主营业务收入——车床	240 000
		应交税费——应交增值税（销项税额）	40 800
19	购买国库券	借：持有至到期投资——国库券——成本	100 000
		贷：银行存款——工商银行	100 000
20	购买办公用品	借：管理费用——办公费	400
		贷：库存现金	400
21	销售部门报业务招待费	借：销售费用——业务招待费	800
		贷：库存现金	800
22	提现	借：库存现金	2 500
		贷：银行存款——工商银行	2 500
23	支付报刊费	借：管理费用——报刊费	800
		贷：库存现金	800
24	发放工资	借：应付职工薪酬——工资	100 000
		贷：银行存款——工商银行	100 000
25	分配工资	借：管理费用——工资	6 000
		销售费用——工资	4 000
		生产成本——车床——直接人工	50 000
		生产成本——铣床——直接人工	40 000
		贷：应付职工薪酬——工资	100 000

业务序号	摘　要	会计分录	
26	购买车间办公用品	借：制造费用——办公费	1 420
		贷：银行存款——工商银行	1 420
27	销售原材料	借：银行存款——工商银行	76 986
		贷：其他业务收入——生铁	65 800
		应交税费——应交增值税（销项税额）	11 186
28	公益性捐款	借：营业外支出——捐赠支出	10 000
		贷：银行存款——工商银行	10 000
29	支付广告费	借：销售费用——广告费	8 000
		应交税费——应交增值税（进项税额）	400
		贷：银行存款——工商银行	8 480
30	销售产品	借：应收账款——石家庄轴承设备厂	117 000
		贷：主营业务收入——铣床	100 000
		应交税费——应交增值税（销项税额）	17 000
31	预收货款	借：银行存款——工商银行	100 000
		贷：预收账款——重庆瑞祥金属制品有限公司	100 000
32	支付日常修理费	借：管理费用——修理费	1 200
		贷：银行存款——工商银行	1 200
33	购买传真机	借：固定资产——传真机	3 500
		应交税费——应交增值税（进项税额）	595
		贷：银行存款——工商银行	4 095
34	支付电话费	借：管理费用——办公费	1 050
		贷：银行存款——工商银行	1 050
35	领用材料	借：生产成本——车床——直接材料	425 125
		——铣床——直接材料	425 125
		贷：原材料——生铁	400 250
		——圆钢	320 000
		——轴承	130 000
36	销售产品	借：预收账款——重庆瑞祥金属制品有限公司	100 000
		银行存款——工商银行	180 800
		贷：主营业务收入——车床	240 000
		应交税费——应交增值税（销项税额）	40 800
37	收到前欠货款	借：银行存款——工商银行	117 000
		贷：应收账款——石家庄轴承设备厂	117 000
38	计提本月借款利息	借：财务费用——利息支出	15 000
		贷：应付利息——工商银行	15 000
39	计提折旧	借：生产成本——车床——制造费用	1 200
		生产成本——铣床——制造费用	500
		管理费用——折旧费	2 750
		制造费用——折旧费	2 800
		贷：累计折旧	7 250

续表

业务序号	摘　要	会计分录	
40	分配制造费用	借：生产成本——车床——制造费用	4 845
		——铣床——制造费用	3 875
		贷：制造费用	8 720
41	完工产品入库	借：库存商品——铣床（W160）	80 000
		——车床（1A680）	200 000
		贷：生产成本——铣床（W160）	80 000
		——车床（1A680）	200 000
42	结转销售成本	借：主营业务成本——车床（1A680）	400 000
		——铣床（W160）	225 000
		贷：库存商品——车床（1A680）	400 000
		——铣床（W160）	225 000
43	结转销售原材料成本	借：其他业务成本	56 070
		贷：原材料——生铁	56 070
44	盘盈材料	借：原材料——生铁	500
		贷：待处理财产损益——待处理流动资产损溢	500
45	盘盈材料经批准冲减管理费用	借：待处理财产损益——待处理流动资产损溢	500
		贷：管理费用——存货盘亏	500
46	转让天马股份	借：银行存款——工商银行	458 976
		贷：交易性金融资产——天马股份（成本）	420 000
		投资收益	38 976
47	计提城建税及教育费附加	借：营业税金及附加	2 504.81
		贷：应交税费——应交城市维护建设税	1 593.97
		——应交教育费附加税	910.84
48	转出当月未交增值税	借：应交税费——应交增值税（转出未交增值税）	22 771
		贷：应交税费——未交增值税	22 771
49	结转收入	借：主营业务收入	780 000
		其他业务收入	65 800
		投资收益	38 976
		贷：本年利润	884 776
50	结转成本费用	借：本年利润	736 770.81
		贷：主营业务成本	625 000
		营业税金及附加	2 504.81
		其他业务成本	56 070
		销售费用	14 696
		管理费用	13 500
		财务费用	15 000
		营业外支出	10 000
51	计提所得税	借：所得税费用	37 001.30
		贷：应交税费——应交所得税	37 001.30
52	结转所得税	借：本年利润	37 001.30
		贷：所得税费用	37 001.30
		本期净利润：110 901.18	

二、各总分类账户与明细分类账户的期末余额

1.总分类账户1月份期末余额

总分类账户期末余额

单位:元

账户名称	借方余额	贷方余额
库存现金	3 004	
银行存款	3 679 505	
应收账款	200 000	
原材料	860 180	
库存商品	705 000	
持有至到期投资	100 000	
固定资产	2 349 500	
累计折旧		502 250
生产成本	776 670	
短期借款		3 000 000
应付账款		960 000
应交税费		62 277.11
应付利息		15 000
其他应付款		2 000
长期借款		44 000
实收资本		3 500 000
资本公积		30 000
盈余公积		50 000
利润分配		397 328
本年利润		111 003.89
合　计	**8 673 859**	**8 673 859**

2.明细分类账户1月份期末余额

日记账及三栏式明细账期末余额

单位:元

总账科目	明细账科目	借方余额	贷方余额
库存现金		3 004	
银行存款		3 679 505	
应收账款	石家庄轴承设备厂	100 000	
	石家庄钢铁公司	100 000	
持有至到期投资	国库券——成本	100 000	
生产成本	车床	333 170	
	铣床	443 500	
短期借款	工商银行		3 000 000
应付账款	唐山向阳燃料公司		260 000
	重庆鸿利型钢公司		700 000
应交税费	未交增值税		22 771
	应交城建税		1 593.97
	应交教育费附加		910.84
	应交所得税		37 001.30
应付利息	工商银行		15 000
其他应付款	王纱		400
	杨伟		1 600
长期借款	工商银行		44 000
实收资本			3 500 000
资本公积			30 000
盈余公积			50 000
本年利润			111 003.89
利润分配	未分配利润		397 328
合　计		4 759 179	8 411 609

存货明细账期末余额

单位:元

总账科目	明细科目	单 位	数 量	金 额
原材料	圆钢	吨	30	96 000
	生铁	吨	72.25	144 680
	焦炭	吨	130	52 250
	轴承 Y123M	套	1 300	169 000
	煤	吨	120	18 250
	电机	台	190	380 000
小 计				**860 180**
库存商品	车床(型号为 1A680)	台	20	400 000
	铣床(型号为 W160)	台	20	305 000
小 计				**705 000**

固定资产明细账期末余额

单元:元

固定资产名称		单位	数量	原 值	累计折旧	耐用年限	使用部门	始用日期
生产用固定资产	厂房	栋	1	840 000	72 800	25	生产车间	2011-12-01
	铣床生产设备	台	1	150 000	50 500	25	生产车间	2005-09-01
	车床生产设备	台	1	360 000	247 200	25	生产车间	1996-12-01
	小 计			**1 350 000**	**370 500**			
非生产用固定资产	办公用房屋	栋	1	600 000	104 000	25	管理部门	2009-10-01
	办公用电脑	台	10	45 000	27 750	5	管理部门	2011-01-01
	办公用传真机	台	1	3 500		5	管理部门	2014-01-26
	奥迪汽车	辆	1	351 000		10	管理部门	2014-01-12
	小 计			**999 500**	**131 750**			
合 计				**2 349 500**	**502 250**			

参考文献 REFERENCES

［1］贺胜军.会计基础模拟实验［M］.北京:清华大学出版社,2007.

［2］段文平.基础会计实训［M］.上海:立信会计出版社,2006.

［3］郝宇欣,李远慧.会计实务模拟［M］.北京:清华大学出版社,2006.

［4］张海风,韩伟爱.会计学原理模拟实验［M］.北京:科学出版社,2005.